# Inhalt

Die Schmetterlinge in diesem Buch sind nach Flügelfarbe geordnet. Vor den hinteren Klappen findest du Schmetterlinge mit grauen, braunen und bunten Flügeln.

**Grüne Flügel**

**Blaue Flügel**

Dr. Jens Poschadel

# Welcher SCHMETTERLING ist das?

85 HEIMISCHE ARTEN ENTDECKEN

KOSMOS

# Impressum

**Mit Illustrationen von:** Marianne Golte-Bechtle/Archiv Kosmos (1): S. 99 u.

**Mit Farbfotos von:**
**Adobe Stock.com:** Alcuin (1): S. 93 o.; Alexanor (1): S. 93 u.; als (1): S. 48 u.; carmenrieb (1): S. 56 l.; chris2766 (1): S. 81 r.; ChristopheB (1): S. 64 r.; claudiobphoto (1): S. 44 o.; ClickAlps (1): S. 30 u.; creativenature.nl (1): S. 32 r.; digitalfoto105 (1): S. 28 u.; effe64 (1): S. 70 u.; evbrbe (1): S. 13; Rainer Fuhrmann (1): S. 18 o.; gerwbosma (1): S. 63 m.; Gucio_55 (1): S. 82 o.; imageBROKER (4): S. 55 u., 71 m., 82 u., 85 u.; iredding01 (1): S. 79; Eileen Kumpf (1): S. 52 u.; JPS (1): S. 71 u.; lukjonis (1): S. 64 l.; mageBROKER (1): S. 87 u.; manuel (1): S. 36 o.; Johannes D. Mayer (1): S. 27 u.; MEISTERFOTO (1): S. 18 m.; Robert Mertl (1): S. 17 u.; mikhailava (1): S. 97 r.u.; mirkograul (2): 6 u., 58 u.; Marion Neuhauß (1): S. 29 u.; Alberto Novo (1): S. 47 u.; onlynuta (1): S. 97 l.u.; phototrip.cz (1): S. 37 o.; pixelleo (1): S. 48 o.; Polarpx (1): S. 21 o. (2); Roque141 (1): S. 81 l.; Vladyslav Siaber (1): S. 22 r.; Schmutzler-Schaub (3): S. 24 l., 32 l., 55 m.; tobyphotos (1): S. 85 m.; Tomasz (1): S. 73 u.; Michael Tieck (1): S. 43; Tim's insects (4): S. 16, 17 m., 42 u., 50 o.; uergenL (1): S. 87 l.; Yauheni (1): S. 27 o.
**Shutterstock.com:** AnneGM: S.2, 3; alslutsky (2): S. 59, 78 u.; aaltair (1): S. 68 l.; annaj77 (1): S. 63 l.; aopsan (1): S. 107 u. (Buch); Peter Alan Brown (1): S. 24 r.; Chekaramit (2): S. 70 o., 38 m.; Danuta (1): S. 99 u.; DJTaylor (1): S. 40 o.; Geza Farkas (1): S. 95 (Schlüpfen des Falters); Martin Fowler (1): S. 53; Filip Fuxa (1): S. 31 o.; neil hardwick (1): S. 80 u.; Eric Isselee (4): S. 89 o., 94 (Raupe, Verpuppung, Puppe), 95 m.; jaeksong (2): S. 91 m.l., 95 r.u.; Ox Karol (1): S. 77; Tomasz Klejdysz (1): S. 86; Korotova Liudmyla (1): S. 97 o.; Korovin Aleksandr (1): S. 83 u.; Henri Koskinen (1): S. 83 o.; Simon Kovacic (1): S. 10 o.; Kraichgaufoto (2): S. 11 o., 11 m.; KRIACHKO OLEKSII (1): S. 102 u.; Nicole Lienemann (1): S. 8 o.; Marek Mierzejewski (2): S. 76 u., 80 m.; Massimiliano Paolino (1): S. 91 u.; MyImages – Micha (1): 12 u.; NuchPoltergeist (1): S. 103 o.; Ogrim (1): S. 12 o.; Sari ONeal (1): S. 80 o.; natali_ploskaya (1): S. 14 u.; Alexandra Putilova (1): S. 100 o.; recepsunnetci (1): S. 105 u.; R. Maximiliane (1): S. 92 u.; Skoles (1): S. 105 m.; Christian Sorensen (1): S. 56 r.; Sandra Standbridge (6): S. 11 u., 41 l., 68 u.r., 76 m.l., 78 o., 89 u.; Marek r. Swadzba (3): S. 7 r.o., 26 u., 71 o.; Traveller70 (1): S. 98 m.; Jacques VANNI (1): S. 74 o.; Vlasto Opatovsky (1): S. 92 o.; YaiSirichai (1): S. 9 (Papierfalter), 97 r.o.; Gideon Ikigai (1): S. 69 o.
**Frank Hecker:** Frank Hecker (47): S. 8 u., 9 o., 9 u., 10 u., 12 m., 15 m., r., 18 u., 20 o., 20 u., 22 l., 25 u., 31 u., 35 l., 35 r., 38 o., 40 l., 41 r., 47 o., 49 u., 50 u.l., 50 u.r., 57 o., 57 u., 60 u., 61 m., 61 u., 62 l., 67 r., 69 l., 69 u.r., 75, 78 u., 81 u., 83 m., 95 o.l., 96 r.o., 96 m.l., 96 m.r., 98 u., 102 r.u., 103 u., 104 u., 105 m., 105 u., 106 r., 107 u.; Heiko Bellmann/Frank Hecker (54): S. 7 r., 19, 23, 25 o., 26 o., 28 o., 29 o., 30 o., 31 m., 33 m., 33 o., 34 o., 34 u., 36 m., 38 u., 42 o., 44 m., 44 u., 45 o., 45 u., 46, 49 o., 51, 52 o., 54 o., 54 u., 56 u., 58 o., 60 o., 61 o., 63 o., 65 o., 65 u., 66 o., 66 u., 67 l., 72 u., 73 o., 74 u., 76 o., 76 m.r., 84 l., 84 r., 85 o., 87 m.r., 88 o., 88 u., 94 u.l., 96 l.o., 100 u., 101, 106 l., 107 o., 107 m.; Wolfgang Buchhorn/Frank Hecker (1): S. 99 m.; Frieder Sauer/Frank Hecker (3): S. 37 u., 39 o.l., 39 o.r.; Michael Albers/Frank Hecker (1): S. 36 u.
**Weitere:** Archiv Kosmos (4): 39 u., 72 o., 90, 91 o.; Knaufb/iStock.com (1): S. 14 o.

Umschlaggestaltung von Nakischa Scheibe unter Verwendung eines Farbfotos von GAP Photos/ Ernie Janes (Schwalbenschwanz).

Klappengestaltung von Nakischa Scheibe unter Verwendung von Illustrationen von Marianne Golte-Bechtle: Brombeere, Himbeere, Blutroter Hartriegel, Blutweiderich, Brennnessel, Hornklee, Knoblauchsrauke, Weißklee, Apfel; Paschalis Dougalis: Flieder, Hänge-Birke, Korbweide, Rotbuche, Salweide, Winterlinde, Zitterpappel; Sigrid Haag: Schwarz-Erle, Stiel-Eiche.

Unser gesamtes lieferbares Programm und viele weitere Informationen zu unseren Büchern, Spielen, Experimentierkästen, Aktivitäten, Autorinnen und Autoren findest du unter **kosmos.de**

Gedruckt auf Cradle to Cradle™ zertifiziertem Papier.


ISBN: 978-3-440-17647-4
Redaktion: Kerstin Weber, Veronika Lang
Layout: Nakischa Scheibe und Sigrid Walter
Satz: Sigrid Walter, Würzburg
Produktion: Lena Geiger
Druck und Bindung: Gugler Print
Printed in Autria /Imprimé en Autriche

## Haftungsausschluss

Alle Angaben in diesem Buch erfolgen nach bestem Wissen und Gewissen. Sorgfalt bei der Umsetzung ist indes dennoch geboten. Der Verlag und der Autor übernehmen keinerlei Haftung für Personen-, Sach- oder Vermögensschäden, die aus der Anwendung der vorgestellten Materialien und Methoden entstehen können.

Birkenspinner

Achte auf die **Stellung der Flügel**. Manche Arten klappen in Ruhestellung ihre Flügel nach oben. Andere Arten wie der Birkenspinner falten die Flügel wie einen Hausgiebel zusammen. Wieder andere, zum Beispiel der Birkenspanner, legen ihre Flügel ganz flach auf den Untergrund, auf dem sie sitzen.

Birkenspanner

**Raupe** ist nicht gleich Raupe, das hast du bestimmt auch schon festgestellt. Deshalb ist in der Regel zu jeder Schmetterlingsart die dazugehörige Raupe abgebildet.

Der Text neben dieser **Landschaft** verrät dir, wo sich Raupe und Falter am liebsten aufhalten. Meist lebt der Falter da, wo die besten Futterpflanzen für seine Raupen wachsen. Schmetterlinge besiedeln dabei die unterschiedlichsten Lebensräume.

Um die **Größe** des Falters abschätzen zu können, steht unten auf der Seite neben dem Größenzeichen die genaue Größenangabe in Zentimetern, sie gibt die Spannweite der Flügel an.

Die **farbige Leiste** ganz unten auf der Seite zeigt dir auf einen Blick an, in welchen Monaten der Falter zu beobachten ist. Der Zitronenfalter (Seite 49) ist zum Beispiel das ganze Jahr über aktiv. Deshalb ist die Leiste durchgehend farbig markiert. Den Brombeerzipfelfalter (Seite 51) dagegen kannst du nur zwischen April und Mitte Juli zu Gesicht bekommen. Daher sind nur diese Monate eingefärbt.

Die roten **Wichtig zu wissen!**-Kästen verraten dir interessante Zusatzinfos über die jeweilige Schmetterlingsart. Die grünen **Schau genau!**- und die gelben **Mach mit!**-Kästen geben dir Tipps zum Beobachten und Selbermachen. In den orangefarbenen **Erstaunlich!**-Kästen findest du verblüffendes Detailwissen oder Rekorde.

**Finger weg!**-Kästen warnen vor Arten, weil sie Allergien auslösen können.

## Was wichtig ist

Alle Schmetterlinge entwickeln sich aus einem **Ei** über verschiedene Raupenstadien in eine Puppe, aus der sie sich schließlich in den fliegenden Falter verwandeln. Die **Raupen** vieler Arten fressen an Blüten, Knospen und Blättern von Brennnesseln und anderen Kräutern, Gräsern und Laubbäumen. Die **Falter** trinken meist Pflanzensäfte an Blüten, blutenden Bäumen, reifem Obst oder faulendem Holz. Die **Puppen** sind nicht mobil, sie „hängen rum". Genaueres hierzu findest du in den Artbeschreibungen und auf den Expeditions-Seiten am Ende des Buches.

### Finger weg!

Halte dich von den **Raupen des Eichenprozessionsspinners** (Seite 62) fern. Ihre kurzen Brennhaare, die kaum zu erkennen sind, lösen **starke Reaktionen** auf Haut und Schleimhaut aus. Vorsicht auch vor den Verpuppungsnestern und vor Brennholz, das mit diesen Raupen in Berührung gekommen ist. Hattest du mit den **Härchen** Kontakt, kannst du Folgendes tun:

- Kleidung umgehend noch im Freien wechseln, Schuhe nass reinigen.
- Kleidung bei mindestens 60 °C waschen.
- Sichtbare Raupenhaare mit einem Klebestreifen entfernen.
- Duschen und Haare waschen.
- Notfalls Autositze absaugen.
- Bei Hautreaktionen oder Atembeschwerden musst du auf alle Fälle zum Arzt gehen.

**Die Raupen der Pflaumengespinstmotte lieben die Blätter der Schlehe und spinnen sich schützende Nester. Die Schlehe erholt sich später wieder.**

Das Buch gibt dir hier genaue Hinweise auf die typischen Futterpflanzen der Raupen und in welchem Lebensraum du den erwachsenen Falter aufspüren kannst.

Gar nicht so einfach, wie ein Falter mit einem langen Rüssel zu trinken. Probiere es aus.

## Und außerdem ...

Du findest Spannendes rund um das Thema Schmetterling auf den Seiten 94 bis 107, zum Beispiel Tipps, wie du Schmetterlinge selbst basteln, einen Schmetterlingsgarten anlegen oder dein eigenes **Bestimmungsbuch** erstellen kannst. Es wird auch beschrieben, wie man Tag- und Nachtfalter gezielt anlockt und beobachtet.

Einige unserer heimischen Schmetterlingsarten sind **gesetzlich besonders geschützt**. Sie dürfen nicht belästigt, gefangen oder aus der Natur entnommen werden. Aktuelle Hinweise dazu findest du unter anderem in den „Roten Listen". Darin wird die jeweilige Gefährdung der einzelnen Schmetterlingsarten beschrieben. Soweit möglich, solltest du allgemein auf das Fangen der empfindlichen Tiere verzichten, um ihre Gesundheit nicht zu gefährden.

## Raus in die Natur

Auf deine Schmetterlings-Exkursionen solltest du stets ein Bestimmungsbuch, eine Lupe oder große Becherlupe, einen Fotoapparat (mit Blitz für Nachtfalter) sowie Material zum Zeichnen und für Notizen mitnehmen. Falls du eines hast, kannst du bei sehr ruhelosen Faltern ein Schmetterlingsnetz einsetzen. Für längere **Exkursionen** brauchst du außerdem: Essen und Trinken, Regenkleidung, feste Schuhe, vielleicht eine Wanderkarte und ein Fernglas. Nun aber raus ...

# Der Apollofalter

Der große, weiße Falter verdankt seinen Namen dem griechischen Gott Apollon. Dieser war unter anderem für die Künste, das Licht, die Heilung und den Frühling zuständig. Wegen der auffallenden roten Flecke auf seinen Flügeln wird der Tagfalter auch Roter Apollo genannt.

## Mach mit!

Der Apollofalter ist sehr selten und deshalb besonders geschützt. Nicht nur durch die Gesetze in seinen Heimatländern, sondern – als einziger heimischer Schmetterling – auch durch das Washingtoner Artenschutzübereinkommen. Apollofalter dürfen nicht gefangen oder verkauft werden. Solltest du ihm begegnen, darfst du ihn gern beobachten und fotografieren – aber auf keinen Fall einfangen!

Es ist nicht einfach, einen Apollofalter zu finden, denn er ist sehr selten. Am ehesten begegnest du ihm an trockenen Berghängen in bis zu 2 000 Metern Höhe. Dort sollte Weißer Mauerpfeffer wachsen, die selten gewordene Futterpflanze seiner Raupen. Für seinen eigenen Appetit braucht der Apollo Bergwiesen mit vielen bunten Blüten.

**Raupe an Weißem Mauerpfeffer**

**Die Spannweite der ausgebreiteten Flügel beträgt 6,5 bis 9 cm.**

**Der Apollofalter fliegt von Anfang Juni bis Anfang September.**

Jan | Feb | Mär | Apr | Mai | Jun | Jul | Aug | Sep | Okt | Nov

# Der Aurorafalter

Weibchen

Während die Weibchen des Aurorafalters fast vollkommen weiß sind, leuchten die Vorderflügel der Männchen zur Hälfte orange. Aurora hieß die römische Göttin der Morgenröte. In der römischen Mythologie war Aurora für die orangerote Färbung des Morgenhimmels zuständig.

Männchen

## Erstaunlich!

Die Raupen des Aurorafalters sind wahre Feinschmecker. Sie fressen zunächst die besonders nahrhaften Blüten und Früchte ihrer Futterpflanzen. Erst wenn diese verputzt sind, fressen sie die grünen Blätter. Übrigens sind die Aurora-Raupen echte Einzelgänger und vertragen sich schlecht mit ihren Artgenossen.

Der Aurorafalter ist sozusagen der Frühaufsteher unter den Tagfaltern. Bereits ab Mitte März flattert er über Feuchtwiesen, durch lichte, feuchte Wälder und durch naturnah angelegte Gärten. Seine Raupen lieben besonders das Wiesenschaumkraut, fressen aber auch an der Knoblauchsrauke und am Ackersenf.

**Die Spannweite der ausgebreiteten Flügel beträgt 3,5 bis 4,5 cm.**

**Der Aurorafalter fliegt von Mitte März bis Anfang Juli.**

Feb | Mär | Apr | Mai | Jun | Jul | Aug | Sep | Okt | Nov | Dez

# Der Baumweißling

Früher war der Baumweißling bei Obstbauern gefürchtet. Seine Raupen fressen die Blätter von Birnbäumen, Zwetschgen- und Apfelbäumen. In manchen Jahren gibt es besonders viele Baumweißlinge. Das nennt man ein Massenvorkommen. Als es noch keine Insektengifte gab, fraßen die Raupen des Baumweißlings manchen Obstbaum kahl.

Der Baumweißling legt seine leuchtend gelben Eier auf den Blättern von Bäumen ab. Er bevorzugt Weißdorn, Eberesche, Schlehe und einige Obstbaumarten. Der Falter trinkt den Nektar aus den Blüten bunter Streuobstwiesen. Auch an Waldrändern, auf Trockenrasen oder Wiesen mit einzelnen Büschen kannst du ihn finden.

**Die Eier klebt das Schmetterlingsweibchen auf Blätter.**

## Schau genau!

Sieh dir die Adern in den großen, weißen Flügeln des Baumweißlings an. Bei den Weibchen sind diese braun, bei den Männchen schwarz gefärbt. Durch die Flügeladern pumpen die Schmetterlinge Blut, wenn sie aus der Puppenhülle schlüpfen und die Flügel noch weich sind. Bei erwachsenen Faltern sind die Flügel ausgehärtet und die Adern haben keine Funktion mehr.

**Die Spannweite der ausgebreiteten Flügel beträgt 5 bis 6,5 cm.**

**Der Baumweißling fliegt von Mitte Mai bis Mitte Juli.**

Jan | Feb | Mär | Apr | Mai | Jun | Jul | Aug | Sep | Okt | Nov

# Das Federgeistchen

Auf den ersten Blick sieht das zarte, fransige Federgeistchen gar nicht wie ein Schmetterling aus. Seine Flügel ähneln, aus der Nähe betrachtet, den schneeweißen Federn eines Schwans. Anders als der Vogel ist das Federgeistchen aber kein besonders guter oder ausdauernder Flieger.

## Schau genau!

Wenn du ein Federgeistchen gefunden hast, beobachte es doch einmal genau. Wie verhält es sich, wenn es zur Ruhe gekommen ist? Sieht es aus wie ein typischer Falter? Erinnert dich die Form seines Körpers an einen bestimmten Buchstaben? Auch der Flug des zarten Falters ist ungewöhnlich für einen Schmetterling. Fällt dir auf, wie er sich vom Flug anderer Schmetterlingsarten unterscheidet?

Das Federgeistchen findest du überall dort, wo die Futterpflanze seiner Raupen wächst: die Ackerwinde. An Weg-, Feld-, Wald- und Wiesenrändern flattern die Falter besonders an Sommerabenden unbeholfen umher. Manchmal gelangen die Federgeistchen auch in unsere Gärten.

**Die Spannweite der ausgebreiteten Flügel beträgt 2,6 bis 3,4 cm.**

**Das Federgeistchen fliegt von Mitte Mai bis Mitte September.**

Feb | Mär | Apr | Mai | Jun | Jul | Aug | Sep | Okt | Nov | Dez

# Der Große Kohlweißling

Einen Kohlweißling hast du bestimmt selbst schon einmal gesehen. Du erkennst ihn an seiner reinweißen Flügeloberseite mit den schwarzen Spitzenflecken und oft ein paar schwarzen Punkten darauf. Auch seine schwarz-gelben Raupen findest du leicht. Sie knabbern ganz offen und ohne sich zu verstecken auf den Futterpflanzen.

Der Große Kohlweißling ist einer unserer häufigsten Tagfalter und leicht zu beobachten. Als Kulturfolger sucht er nämlich die Nähe des Menschen, genauer: die Nähe des Kohls in unseren Gärten. Dort legt er seine Eier ab und besucht bei der Gelegenheit die nektargefüllten Blüten.

## Wichtig zu wissen!

Der Große Kohlweißling vermehrt sich in giftfreien Gärten mit genügend Futterpflanzen sehr schnell. Der Grund dafür ist einfach: Der Falter entwickelt sich so rasch, dass er in Jahren mit gutem Wetter und viel Nahrung drei Generationen bildet. Mit jeder neuen Generation vervielfacht er seine Nachkommen. Zum Glück für die Gärtner bleibt trotzdem genug Kohl übrig, denn viele Vögel fressen den Großen Kohlweißling und seine Raupen.

**Die Spannweite der ausgebreiteten Flügel beträgt 5 bis 6,5 cm.**

**Der Große Kohlweißling fliegt von Mitte April bis Anfang September.**

Jan | Feb | Mär | Apr | Mai | Jun | Jul | Aug | Sep | Okt | Nov

# Der Kleine Kohlweißling

Der Kleine Kohlweißling sieht von oben betrachtet wie ein kleines Geschwisterkind des Großen Kohlweißlings aus. Mit diesem verwechseln kannst du ihn jedoch nur im Frühling und Hochsommer. Zum Ende des Sommers verschwindet der Große Kohlweißling, während sein kleiner Verwandter noch zwei Monate lang umherflattert.

**Wichtig zu wissen!**

Auch wenn sich die Falter zum Verwechseln ähnlich sehen, lassen sich die Raupen von Großem und Kleinem Kohlweißling leicht unterscheiden: Die Raupe des Kleinen Kohlweißlings ist einfarbig grün, lebt überwiegend allein und frisst gern im Verborgenen, zum Beispiel im Inneren von Kohlköpfen.

Du findest den Kleinen Kohlweißling in den meisten Gärten und Gärtnereien. Er ist einer unserer häufigsten Tagfalter. Auch auf Äckern und Feldern ist er häufig zu finden, wenn dort keine Insektengifte gespritzt werden. Die Raupe frisst an Kohl und dessen Verwandten wie Ackersenf, Raps, Kapuzinerkresse und Knoblauchsrauke.

**Die Spannweite der ausgebreiteten Flügel beträgt 4 bis 5 cm.**

**Der Kleine Kohlweißling fliegt von Anfang April bis Ende Oktober.**

Feb | Mär | Apr | Mai | Jun | Jul | Aug | Sep | Okt | Nov | Dez

# Der Karstweißling

Der Karstweißling sieht dem Kleinen Kohlweißling sehr ähnlich. Seine Raupen fressen jedoch keine Kohlpflanzen. Sie mögen nur ganz bestimmte Pflanzen, die an sehr trockenen und warmen Standorten gedeihen. Dazu gehören die hübschen, meist weiß blühenden Schleifenblumen.

## Erstaunlich!

Bis vor wenigen Jahren war der wärmeliebende Falter nur am Mittelmeer und südlich der Alpen zu Hause. Mit der Erwärmung des Klimas findest du ihn immer öfter auch nördlich der Alpen. Der kleine Tagfalter ist also ein typisches Beispiel für Tierarten, die von dem vom Menschen verursachten Klimawandel profitieren.

Der Karstweißling hält sich gern dort auf, wo der Boden warm, felsig und spärlich bewachsen ist. Ziegenweiden, lichte Wälder und lichte Olivenhaine im Mittelmeerraum sind seine bevorzugten Standorte. Dort findet er auch die Futterpflanzen seiner Raupen. In den Alpen findest du den Karstweißling in bis zu 1 500 Metern Höhe.

**Die Spannweite der ausgebreiteten Flügel beträgt 4 bis 4,5 cm.**

**Der Karstweißling fliegt von Anfang Mai bis Ende August.**

| Jan | Feb | Mär | Apr | Mai | Jun | Jul | Aug | Sep | Okt | Nov |
|---|---|---|---|---|---|---|---|---|---|---|

# Der Rapsweißling

Der Rapsweißling wird auch Grünader-Weißling genannt. Er ähnelt, oberflächlich betrachtet, sehr den beiden Kohlweißlings-Arten. Vor allem die Flügeloberseiten sind bei allen drei Arten sehr ähnlich gefärbt. Anders als bei den Kohlweißlingen sind die Unterseiten der Hinterflügel beim Rapsweißling satt hellgrün gefärbt. Die Flügeladern sind hier graugrün gezeichnet.

## Wichtig zu wissen!

Der Name Rapsweißling beruht wahrscheinlich auf einer Verwechslung mit dem Kleinen Kohlweißling. Diesem sieht der Rapsweißling ausgesprochen ähnlich. Anders als beim Kleinen Kohlweißling legen die Weibchen des Rapsweißlings ihre Eier nur an Wildkräutern und nicht an Kulturpflanzen wie Kohl oder Raps ab.

**Schmetterlinge suchen gern feuchte, mineralhaltige Stellen im Boden auf.**

Der weiße Falter mag leicht feuchte Wälder, Waldränder, Böschungen, Straßenränder und Wiesen. Obwohl er – anders als die Kohlweißlinge – kein typischer Kulturfolger ist, hält er sich häufig in der Nähe des Menschen auf. Seine Futterpflanzen sind zum Beispiel Schaumkraut und Kresse.

**Die Spannweite der ausgebreiteten Flügel beträgt 4,5 bis 5 cm.**

**Der Rapsweißling fliegt von Anfang April bis Ende September.**

| Feb | Mär | Apr | Mai | Jun | Jul | Aug | Sep | Okt | Nov | Dez |
|---|---|---|---|---|---|---|---|---|---|---|

# Das Schachbrett

Der Falter fällt durch seine typische Flügelzeichnung auf. Er ist kaum zu verwechseln. Vor allem die Flügeloberseiten besitzen ein deutliches schwarz-weißes Muster, das an ein Schachbrett erinnert. In den einzelnen Regionen seines Verbreitungsgebietes kann die Zeichnung sehr unterschiedlich sein.

## Erstaunlich!

An den unteren Flügelrändern des Schachbretts erkennst du bei genauer Betrachtung sechs sogenannte Augenflecke. Es gibt noch einige weitere Falter mit solchen Flecken. Einige Wissenschaftler sortieren diese Schmetterlinge in eine eigene Gruppe: die Augenfalter. Manche halten das für falsch, da viele Falter mit Augenflecken nicht nahe miteinander verwandt sind.

Die Raupen des Schachbretts fressen an verschiedenen Gräsern. Deshalb ist der tagaktive Schmetterling besonders auf extensiv beweideten Wiesen sowie an Böschungen, Wald- und Feldrändern zu finden. Dort sitzen die erwachsenen Schachbretter gern auf Disteln und Flockenblumen, um Nektar zu trinken.

**Die Spannweite der ausgebreiteten Flügel beträgt 3,7 bis 5,2 cm.**

**Das Schachbrett fliegt von Mitte Juni bis Mitte August.**

Jan | Feb | Mär | Apr | Mai | Jun | Jul | Aug | Sep | Okt | Nov

# Der Schmalflügelweißling

Die Raupe des Schmalflügelweißlings ist sehr wählerisch. Sie frisst nur die Blätter von Schmetterlingsblütlern. Vor allem auf dem leuchtend gelb blühenden Hornklee kannst du die grüne Raupe mit etwas Glück entdecken. Dort sitzt auch der unscheinbare Falter, um Nektar zu trinken oder Eier abzulegen.

**Das balzende Männchen sitzt oben auf der Blüte.**

## Schau genau!

Es lohnt sich, den Schmalflügelweißling zu beobachten. Wenn du zwei Tiere auf einer Futterpflanze findest, schau dir ihr Verhalten genau an. Der kleine Tagfalter zeigt wie sonst nur wenige Schmetterlinge ein Balzverhalten. Das Männchen setzt sich gegenüber dem Weibchen auf eine Blüte und umkreist es mit seinem langen, ausgerollten Rüssel. Es möchte damit das Weibchen beeindrucken. Falls ihm das gelingt, wird sich das Weibchen mit ihm paaren.

Die Falter des Schmalflügelweißlings findest du vor allem dort, wo auch die Futterpflanzen seiner Raupen wachsen: an Wald- und Wegrändern, auf Magerrasen und wenig beweideten Wiesen sowie auf Brachflächen. Auch auf sogenannten Industriebrachen in der Stadt fühlt sich der Schmalflügelweißling wohl.

**Die Spannweite der ausgebreiteten Flügel beträgt 3 bis 4 cm.**

**Der Schmalflügelweißling fliegt von Anfang April bis Mitte September.**

Feb | Mär | Apr | Mai | Jun | Jul | Aug | Sep | Okt | Nov | Dez

# Der Schwan

Der Schwan hat einen ungewöhnlichen Namen. Und er sieht ungewöhnlich aus. Das kleine weiße, pelzig anmutende Tier gehört zur Gruppe der Trägspinner. Der Schwan ist dämmerungs- und nachtaktiv. Tagsüber sitzt er meist mit ausgestreckten Vorderbeinen auf einem Blatt im Schatten.

## Finger weg!

Die stark behaarten Raupen des Schwans sind in den Warnfarben Schwarz, Weiß und Rot gefärbt. Diese Färbung weist Fressfeinde darauf hin, dass die Schwanen-Raupe giftig ist. Außerdem ist die Raupe mit ätzenden Brennhaaren bedeckt, die auch für uns Menschen sehr unangenehm sind, wenn sie in unsere Augen, die Nase oder den Mund gelangen. Deshalb nicht anfassen oder auf die Hand nehmen!

In feuchten, schattigen und nicht allzu dichten Laubwäldern findest du den Schwan am ehesten. Hier legt der häufig und weitverbreitet vorkommende Falter seine Eier an Eichen, Weiden, Faulbäumen, Linden, Pappeln und verschiedenen Obstgehölzen ab.

**Die Spannweite der ausgebreiteten Flügel beträgt 2,6 bis 3,6 cm.**

**Der Schwan fliegt von Mitte Juni bis Mitte September.**

Jan | Feb | Mär | Apr | Mai | Jun | Jul | Aug | Sep | Okt | Nov

# Der Stachelbeerspanner

Als hätten wir es geahnt, legt der Stachelbeerspanner seine Eier besonders gern an Stachelbeerbüschen ab. Seine auffallend gelb-schwarz-weißen Raupen findest du jedoch auch auf den Blättern von Schlehen- und Haselnussbüschen.

## Schau genau!

Die meisten Schmetterlinge sehen der Raupe, aus der sie einst entstanden, überhaupt nicht ähnlich. Das ist beim Stachelbeerspanner anders. Die Färbung seiner Raupe ist der des erwachsenen Spanners ausgesprochen ähnlich. Leider ist der erwachsene Stachelbeerspanner nachtaktiv, sodass er sich nicht leicht beobachten lässt.

Früher lebte der Stachelbeerspanner gern in unseren Gärten. Heute sind aus vielen Nutzgärten Ziergärten ohne Beerengehölze geworden. In anderen Gärten wird Insektengift gesprüht. Deshalb hat sich der Stachelbeerspanner in Auwälder mit wilden Stachelbeerbüschen, Schlehen und Haselnüssen zurückgezogen.

**Die Spannweite der ausgebreiteten Flügel beträgt 3,5 bis 4 cm.**

**Der Stachelbeerspanner fliegt von Mitte Juni bis Anfang September.**

Feb | Mär | Apr | Mai | Jun | Jul | Aug | Sep | Okt | Nov | Dez

# Der Admiral

Nur wenige Falter sind so einfach von anderen Schmetterlingen zu unterscheiden wie der Admiral. Das leuchtende Rot der Bänder auf seinen dunklen Flügeln ist eine seltene Schmetterlingsfarbe. Klappt er die Flügel zusammen, tarnt sich der Admiral unscheinbar graubraun.

**Die Futterpflanze der Raupen sind Brennnesseln.**

## Erstaunlich!

Der Admiral ist ein Wanderfalter. In jedem Frühjahr wandern viele erwachsene Falter nach Norden. Dort haben nur sehr wenige überwinternde Admirale aus dem vergangenen Jahr überlebt. Im Sommer vermehrt sich der Admiral in zwei Generationen oft sehr zahlreich. Einige der Herbstfalter ziehen in den warmen Süden, um im nächsten Frühling zurückzukehren.

Besonders im Spätsommer und an warmen Herbsttagen findest du den Admiral auf überreifem Fallobst. In Gärten, auf Waldwiesen und Streuobstwiesen schlürft der Edelfalter mit seinem langen Rüssel gärenden Saft aus dem faulenden Obst. Besonders Pflaumen haben es ihm angetan.

**Die Spannweite der ausgebreiteten Flügel beträgt 5 bis 6 cm.**

**Der Admiral fliegt bei passender Witterung das ganze Jahr hindurch.**

Jan | Feb | Mär | Apr | Mai | Jun | Jul | Aug | Sep | Okt | Nov

# Das Beilfleck-Rotwidderchen

Dieses Rotwidderchen wird auch Beilfleckwidderchen genannt. Seine Raupen fressen an verschiedenen Arten von Schmetterlingsblütlern wie Hornklee und Wicken. Diese wachsen auf artenreichen Trockenrasen und extensiv genutzten Blumenwiesen. Die Falter finden hier viele mit Nektar gefüllte Blüten wie Hornklee und Kronwicke.

## Wichtig zu wissen!

Die eher kleinen und zarten, in Ruhestellung ungefähr dreieckig geformten Widderchen gehören zu den Nachtfaltern. Demnach sollten sie nachtaktiv sein. Du kannst die Widderchen jedoch auch am Tag beobachten. Das liegt daran, dass nicht alle Nachtfalter auch wirklich nachtaktiv sind. So gehören die meisten Widderchen zu den tagaktiven Nachtfaltern.

Wie die meisten Widderchen liebt das Beilfleck-Rotwidderchen die Wärme. Kalkhaltige und felsige Böden reflektieren das Sonnenlicht, wodurch sich die Umgebung besonders stark aufheizt. Solche oft in den Bergen gelegene Gebiete ziehen das Beilfleck-Rotwidderchen magisch an.

**Die Spannweite der ausgebreiteten Flügel beträgt 2,7 bis 3 cm.**

**Das Beilfleck-Rotwidderchen fliegt von Mitte Mai bis Mitte August.**

Feb | Mär | Apr | Mai | Jun | Jul | Aug | Sep | Okt | Nov | Dez

# Das Blutströpfchen

Das Blutströpfchen – oder Sechsfleckwidderchen – ist eines der häufigsten Rotwidderchen. Es sieht dem Beilfleckwidderchen zum Verwechseln ähnlich, ist aber gut an den sechs leuchtend roten Flecken auf den schwarzen Flügeloberseiten zu erkennen. Mit angelegten Flügeln wirkt es von oben wie ein rot-schwarzes Dreieck.

## Finger weg!

Alle Falter und Raupen der Rotwidderchen und der mit ihnen verwandten Grünwidderchen sind giftig! Die erwachsenen Rotwidderchen zeigen möglichen Fressfeinden ihre Giftigkeit durch die Warnfarben Rot und Schwarz. Die Raupen sind gelb und schwarz gefärbt. Sie sammeln das Gift ihrer Futterpflanzen in ihrem Körper. Manche Arten können auch Gifte aus ungiftigen Pflanzensäften herstellen.

Der Lebensraum des Blutströpfchens ist wesentlich vielfältiger als der anderer Widderchen. Du findest es auf Magerrasen und Industriebrachen ebenso wie in Kiesgruben, auf Feuchtwiesen und auf Bergalmen noch in 2 500 Metern Höhe.

**Die Spannweite der ausgebreiteten Flügel beträgt 3 bis 3,8 cm.**

**Das Blutströpfchen fliegt von Mitte Mai bis Mitte September.**

Jan | Feb | Mär | Apr | Mai | Jun | Jul | Aug | Sep | Okt | Nov

# Das Rote Ordensband

In Ruhestellung sieht das Rote Ordensband von oben betrachtet unscheinbar grau aus. Wenn es dann auf einer Baumrinde sitzt, ist es sehr gut getarnt. Fühlt es sich bedroht, zeigt es seine rot und schwarz gestreiften Hinterflügel. Auf diese Weise versucht es, mögliche Fressfeinde abzuschrecken.

## Schau genau!

Die unscheinbar graubraun gefärbte Raupe des Roten Ordensbands wird bis zu sieben Zentimeter lang. Trotzdem ist sie an den Zweigen ihrer Futterbäume nur sehr schwer zu finden. Die nachtaktive Raupe klammert sich tagsüber eng an Zweige und Äste. Sie ist dort so gut getarnt, dass du schon sehr genau hinsehen musst, um sie zu erkennen.

Raupen und Falter des zu den Eulenfaltern zählenden Roten Ordensbands findest du in feuchten Wäldern, in Parkanlagen und Gärten. Die Raupen fressen die Blätter von Weiden und Pappeln. Die erwachsenen Falter saugen den Saft verletzter oder modernder Bäume auf.

**Die Spannweite der ausgebreiteten Flügel beträgt 6,5 bis 7,5 cm.**

**Das Rote Ordensband fliegt von Mitte Juli bis Mitte Oktober.**

| Feb | Mär | Apr | Mai | Jun | Jul | Aug | Sep | Okt | Nov | Dez |
|---|---|---|---|---|---|---|---|---|---|---|

# Der Schönbär

Der Schönbär ist ein schlanker, manchmal tagaktiver Nachtfalter aus der Unterfamilie der Bärenspinner. Von diesen leben weltweit etwa 11 000 Arten, vor allem in Südamerika. In Ruhestellung zeigt der Schönbär seine schwarzen, gelb und weiß gefleckten Vorderflügel. Fliegt er los, blitzen seine leuchtend roten Hinterflügel auf.

Der Schönbär liebt kühle, feuchte Wälder, Waldränder und Feuchtwiesen. Seine Raupen fressen an einer Vielzahl unterschiedlicher Futterpflanzen. Neben Himbeeren sind dies Haselnuss, Kohldistel, Große Brennnessel, Salweide, Rote Heckenkirsche und Kreuzkraut.

## Erstaunlich!

Ihren Namen erhielt die Familie der Bärenspinner wegen ihrer besonders stark behaarten Raupen. Der erwachsene Schönbär hat zwei Strategien, um sich gegen die Angriffe seiner Feinde zu schützen: Bei Tageslicht schreckt er dank seiner Warnfarben hungrige Räuber ab. Nachts wird er meist von Fledermäusen gejagt. Deren Ortungssinn verwirrt er, indem er durch schnelle Muskelbewegungen Ultraschalltöne erzeugt.

**Die Spannweite der ausgebreiteten Flügel beträgt 4 bis 5 cm.**

**Der Schönbär fliegt von Mitte Juni bis Mitte August.**

Jan | Feb | Mär | Apr | Mai | Jun | Jul | Aug | Sep | Okt | Nov

# Der Große Braundickkopffalter

Die Raupe des Großen Braundickkopffalters ist gut an ihrem grasgrünen Körper und der schwarzen Kopfkapsel zu erkennen. Sie frisst am liebsten Süßgräser wie Pfeifengras, Knäuelgras und Landreitgras. Der Falter sitzt meist mit ausgebreiteten Flügeln auf Blüten oder Blättern.

Ready for take off!

## Wichtig zu wissen!

Mit Ausnahme von Neuseeland sind die etwa 4 000 Dickkopffalter-Arten weltweit verbreitet. Die meisten von ihnen leben in den Tropen mit Schwerpunkt auf den Regenwäldern Südamerikas. Ihren Namen verdanken die Dickkopffalter nicht ihrem Charakter, sondern ihrem im Vergleich zum Körper besonders breiten Kopf.

Den Großen Braundickkopffalter findest du vor allem in offenem oder auch halbschattigem Gelände wie zum Beispiel auf extensiv bewirtschafteten Wiesen, an Waldrändern und in lichten Laubwäldern. Er ist einer unserer häufigsten Dickkopffalter.

**Die Spannweite der ausgebreiteten Flügel beträgt 2,5 bis 3,2 cm.**

**Der Große Braundickkopffalter fliegt von Ende Mai bis Anfang Oktober.**

| Feb | Mär | Apr | Mai | Jun | Jul | Aug | Sep | Okt | Nov | Dez |
|---|---|---|---|---|---|---|---|---|---|---|

# Der C-Falter

Es gibt eine ganze Reihe mittelgroßer, orange oder bräunlich gefärbter Edelfalter. Den C-Falter kannst du leicht von anderen Arten unterscheiden. Die Ränder seiner Flügel sind gezackt und haben mehrere Zipfel.

## Erstaunlich!

Der C-Falter verdankt seinen ungewöhnlichen Namen einer weißen Zeichnung in der Mitte seiner ansonsten braun gefärbten Flügelunterseiten. Diese Zeichnung erinnert an den Buchstaben C und macht den Tagfalter unverwechselbar. Erstaunlicherweise gibt es noch weitere Schmetterlinge mit Buchstaben auf oder unter den Flügeln. Bestimmt begegnen sie dir in der Natur oder in diesem Buch.

**Gut zu erkennen ist das weiße C auf der Flügelunterseite.**

Den C-Falter findest du in hellen und lockeren Wäldern, an Waldrändern, in Hecken oder auf Streuobstwiesen. Manchmal besucht er auch Gärten, um dort Nektar zu trinken. Seine Raupen mögen die Blätter von Salweide, Haselnuss und Ulme, aber auch von Stachelbeere, Großer Brennnessel und Hopfen.

**Die Spannweite der ausgebreiteten Flügel beträgt 4,2 bis 5 cm.**

**Der C-Falter fliegt bei passender Witterung das ganze Jahr hindurch.**

Jan | Feb | Mär | Apr | Mai | Jun | Jul | Aug | Sep | Okt | Nov

# Der Distelfalter

Wie sein Name verrät, findest du Falter und Raupen vor allem an verschiedenen Distelarten, aber auch an der Großen Brennnessel, an Malven oder anderen Kräutern. Die Raupen fressen die oft stacheligen und harten Distelblätter ohne Probleme. Die Falter trinken Nektar aus den Distelblüten.

Der Distelfalter mag wenig gedüngte, beweidete, eher trockene Wiesen, auf denen viele Disteln stehen. Der Edelfalter ist außerdem an Wald- und Wegrändern, an Feldhecken und in naturnah angelegten Gärten zu finden.

Suche gezielt nach Disteln, um den Distelfalter zu beobachten.

## Erstaunlich!

Die eigentliche Heimat des Distelfalters ist Afrika. Nördlich der Sahara startet jedes Jahr eine Faltergeneration ihre lange Reise Richtung Norden. Im Mittelmeergebiet pflanzt sie sich im März fort. Die zweite Generation kommt im Mai in Mitteleuropa an und bringt noch ein bis zwei weitere Generationen hervor. Einige wandern nach Nordafrika zurück, um dort zu überwintern.

**Die Spannweite der ausgebreiteten Flügel beträgt 4,5 bis 6 cm.**

**Der Distelfalter fliegt von Anfang Mai bis Ende Oktober.**

Feb | Mär | Apr | Mai | Jun | Jul | Aug | Sep | Okt | Nov | Dez

# Der Dukatenfalter

Der kleine Tagfalter ist dem Großen Feuerfalter zum Verwechseln ähnlich. Unterscheidungsmerkmale des Dukatenfalters sind das Fehlen schwarzer Flecke oder Striche auf den Flügeloberseiten und die einheitlich gelbbraun gefärbten Unterseiten mit wenigen schwarzen und weißen Flecken darauf.

## Erstaunlich!

Der auf der Oberseite seiner Flügel leuchtend orangerot gefärbte Tagfalter gehört zu den Bläulingen. Damit bildet er jedoch keine absolute Ausnahme. Auch der sehr ähnlich gefärbte Große Feuerfalter und andere Feuerfalter-Arten zählen zu den Bläulingen. Das kommt wahrscheinlich daher, dass diese Tiere – außer der Farbe – sehr viele Merkmale mit den blau gefärbten Bläulingen teilen.

Die einzigen beiden Futterpflanzen der Dukatenfalter-Raupen sind der Kleine und der Große Sauerampfer. Diese befinden sich vor allem auf kalkarmen, mageren und trockenen Böden der europäischen Mittelgebirge sowie der Alpen. Die erwachsenen Falter besuchen gern die Blüten wilder Thymianarten.

**Die Spannweite der ausgebreiteten Flügel beträgt 2,7 bis 3,2 cm.**

**Der Dukatenfalter fliegt von Mitte Juni bis Anfang September.**

Jan | Feb | Mär | Apr | Mai | Jun | Jul | Aug | Sep | Okt | Nov

# Der Große Fuchs

Im zeitigen Frühjahr trinkt der aus der Winterstarre erwachte Große Fuchs an den Blüten der Weiden, den sogenannten Weidenkätzchen. Später im Jahr besucht der Edelfalter Wunden an Laubbäumen, um dort austretende Pflanzensäfte zu trinken. Die Blüten der Sommerblumen fliegt der Große Fuchs nur selten an.

**Mach mit!**

Im Jahr 2018 wurde der Große Fuchs vom BUND zum Schmetterling des Jahres gekürt. Diese Auszeichnung wird Tierarten verliehen, deren Bestände in den Jahren zuvor deutlich zurückgegangen sind. Auf sie soll auf diese Weise aufmerksam gemacht werden. Im Jahr 2022 wurde der Kaisermantel ausgezeichnet. Wer wohl danach der „Sieger" wird?

**Die abgelegten Eier des Falters**

Der Große Fuchs legt seine Eier an Laubbäumen wie der Salweide und der Zitterpappel ab, aber auch an Obstbäumen wie Apfel und Birne. Dementsprechend fliegt er gern in lichten Laubwäldern, an Waldrändern und auf verbuschten Trockenrasen umher. Mitunter findest du ihn auch in giftfreien Obstgärten.

**Die Spannweite der ausgebreiteten Flügel beträgt 5 bis 5,5 cm.**

**Der Große Fuchs fliegt bei passender Witterung das ganze Jahr hindurch.**

Feb | Mär | Apr | Mai | Jun | Jul | Aug | Sep | Okt | Nov | Dez

# Der Große Perlmuttfalter

Der Große Perlmuttfalter beeindruckt durch seine Größe und Färbung. Die leuchtend orangeroten oder gelborangefarbenen Flügeloberseiten sind mit dunklen Flecken und Querbändern gemustert. Vor dem schwarzen Flügelsaum befindet sich eine Reihe dunkelbrauner Dreiecke.

## Schau genau!

Betrachtet man die Flügeloberseiten dieses tagaktiven Edelfalters, versteht man seinen deutschen Namen zunächst nicht. Erst wenn er seine Flügel zusammenklappt und die Flügelunterseiten sichtbar werden, sieht man den Grund dafür: Auf den grünlich gelben Unterseiten der Hinterflügel befinden sich zahlreiche helle Flecke, die perlmuttartig schimmern wie die Innenseite von Muschelschalen.

Den Großen Perlmuttfalter findest du in der Nähe der Futterpflanzen seiner Raupen: verschiedener Veilchenarten. An Wegrändern, in Mooren, auf Bergwiesen und in lichten Wäldern ist er genauso zu Hause wie auf Trockenrasen und extensiv genutzten Viehweiden.

**Die Spannweite der ausgebreiteten Flügel beträgt 5 bis 5,5 cm.**

**Der Große Perlmuttfalter fliegt von Mitte Juni bis Mitte August.**

Jan | Feb | Mär | Apr | Mai | Jun | Jul | Aug | Sep | Okt | Nov

# Der Kaisermantel

Der große und auffällig gefärbte Tagfalter gehört zur Gruppe der Perlmuttfalter. In seltenen Fällen ist die Grundfarbe der Flügeloberseiten bei weiblichen Tieren nicht Orange, sondern Graugrün. Die Futterpflanzen der Kaisermantel-Raupen sind verschiedene Veilchenarten.

## Schau genau!

Vor der eigentlichen Paarung balzen männliche und weibliche Kaisermäntel miteinander. Dabei fliegt das Männchen unter dem Weibchen hindurch und gibt Lockstoffe aus besonderen Schuppen auf seiner Flügeloberseite ab, den Duftschuppen. Ist das Weibchen an dem Männchen interessiert, landet es in der Nähe und gibt kurz vor der Paarung ebenfalls Lockstoffe aus seinem Hinterteil ab. Mit etwas Glück kannst du tanzende Kaisermäntel bei ihrer Balz auf einem Waldweg beobachten.

Der Kaisermantel hat eine Vorliebe für feuchte Waldwiesen. Hier findet er die Futterpflanzen seiner Raupen. An den Rändern besonnter Waldwege sitzt der erwachsene Falter auf Disteln, Wasserdost und anderen mit Nektar gefüllten Blütenpflanzen. Er ist besonders im Bergland noch zahlreich anzutreffen.

**Die Spannweite der ausgebreiteten Flügel beträgt 5,5 bis 6,5 cm.**

**Der Kaisermantel fliegt von Mitte Juni bis Mitte September.**

Feb | Mär | Apr | Mai | Jun | Jul | Aug | Sep | Okt | Nov | Dez

# Der Kleine Feuerfalter

Seinen deutschen Namen verdankt der Kleine Feuerfalter natürlich zum einen der Tatsache, dass er ein eher kleiner Tagfalter ist. Zum anderen erinnert die von innen nach außen sich von einem satten Rot zu einem hellen Orange verändernde Farbe seiner Flügeloberseiten an den Farbverlauf einer lodernden Flamme.

## Schau genau!

Die Form der Raupe des Kleinen Feuerfalters ähnelt, wie alle Bläulingsraupen, einer Kellerassel. Ihr Querschnitt ist nicht kreisrund, sondern abgeflacht und in der Mitte deutlich breiter als an den Enden. Ihren bräunlichen Kopf versteckt die Feuerfalter-Raupe meist unter ihrem Körper. So erkennst du erst bei genauer Betrachtung, auf welcher Seite das Vorderende der Raupe ist. Fressfeinde können dadurch irritiert werden.

Den Kleinen Feuerfalter findest du vor allem dort, wo der Erdboden sandig ist. Hier bevorzugt der kleine, zu den Bläulingen zählende Tagfalter naturnah gestaltete Kiesgruben, Brachflächen, Wegränder und ähnliche Gebiete. Wichtig ist, dass die Flächen besonnt sind und er Sauerampfer findet, die Nahrungspflanze seiner Raupen.

**Die Spannweite der ausgebreiteten Flügel beträgt 2,2 bis 2,7 cm.**

**Der Kleine Feuerfalter fliegt von Mitte April bis Ende Oktober.**

Jan | Feb | Mär | Apr | Mai | Jun | Jul | Aug | Sep | Okt | Nov

# Der Kleine Fuchs

Da er als Falter überwintert, ist der Kleine Fuchs manchmal bereits im Februar auf der Suche nach Nektar zu beobachten. Damit ist er einer der am frühesten im Jahr aktiven Schmetterlinge in Mitteleuropa. Darüber hinaus ist er einer unserer häufigsten Tagfalter.

**Wichtig zu wissen!**

Schmetterlinge haben ganz unterschiedliche Strategien entwickelt, um im kalten mitteleuropäischen Winter nicht zu erfrieren. Manche überwintern als Puppe oder junge Raupe. Der Kleine Fuchs sucht sich als erwachsener Falter einen geschützten Ort, um die Kälte zu überstehen.

In allen offenen Lebensräumen findest du den Kleinen Fuchs auf nektargefüllten Blüten von Disteln, Wasserdost und Sommerflieder. Seine Raupen mögen am liebsten die Blätter der Großen Brennnessel. Sie fressen den Rand der Blätter mit wenig Brennhaaren und um die Brennhaare herum.

**Die Spannweite der ausgebreiteten Flügel beträgt 4 bis 5 cm.**

**Der Kleine Fuchs fliegt bei passender Witterung das ganze Jahr hindurch.**

Feb | Mär | Apr | Mai | Jun | Jul | Aug | Sep | Okt | Nov | Dez

# Der Kleine Perlmuttfalter

Den Edelfalter mit den großen Perlmuttflecken auf den Flügelunterseiten kannst du im Sommer lange beobachten. Er bildet jedes Jahr drei oder vier Generationen. Zudem wandern weitere Tiere aus dem Süden zu uns.

## Schau genau!

Die in Bodennähe zwischen Pflanzenteilen eingesponnene Puppe ist dunkelbraun mit weißem Sattelfleck sowie weiteren hellen Flecken. Färbung und Form geben ihr das Aussehen von Vogelkot – zum Schutz gegen mögliche Fressfeinde.

Als Futterpflanze bevorzugt die Raupe des Kleinen Perlmuttfalters das Acker-Stiefmütterchen. Sie mag aber auch unsere Garten-Stiefmütterchen. Den erwachsenen Falter findest du auf Trockenrasen, Brachflächen, extensiv genutzten Äckern und in anderem, wenig bewachsenen Gelände.

**Die Spannweite der ausgebreiteten Flügel beträgt 3,5 bis 4,5 cm.**

**Der Kleine Perlmuttfalter fliegt von Mitte März bis Anfang November.**

Jan | Feb | Mär | Apr | Mai | Jun | Jul | Aug | Sep | Okt | Nov

# Das Kleine Wiesenvögelchen

Das Kleine Wiesenvögelchen wird auch Gewöhnliches Wiesenvögelchen genannt. Es ist in vielen Gegenden Mitteleuropas einer der häufigsten Tagfalter. Obwohl es klein und unscheinbar aussieht, werden dank seiner Vielzahl viele Blütenpflanzen bestäubt. Der Augenfleck am Rand seiner Unterflügel soll mögliche Fressfeinde verwirren und abschrecken.

Kleine Wiesenvögelchen findest du meist in der Nähe der Futterpflanzen ihrer Raupen. Die fressen gern an Süßgräsern wie Schafschwingel und Wiesenrispengras. Solche Gräser wachsen auf Trockenrasen, an Waldrändern, Straßenböschungen, in Kiesgruben und ähnlich offenem Gelände.

## Wichtig zu wissen!

Wie bei vielen anderen Schmetterlingsarten überwintern junge Raupen des Kleinen Wiesenvögelchens an geschützten Orten in der Nähe der Futterpflanzen. Im Frühling des Folgejahres entsteht aus den Überwinterungsraupen die erste Faltergeneration. Deren Raupen futtern und entwickeln sich so rasch, dass aus ihren Puppen noch im Sommer die zweite Faltergeneration schlüpft. Diese legt wiederum Eier, aus denen Überwinterungsraupen schlüpfen.

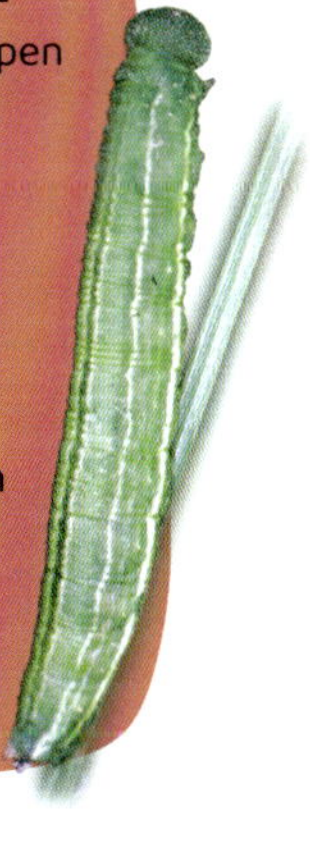

**Die Spannweite der ausgebreiteten Flügel beträgt 2,3 bis 3,3 cm.**

**Das Kleine Wiesenvögelchen fliegt von Mitte April bis Ende September.**

Feb | Mär | Apr | Mai | Jun | Jul | Aug | Sep | Okt | Nov | Dez

# Das Landkärtchen

Die weiblichen Landkärtchen legen ihre grünlichen, tonnenförmigen Eier an den Blättern der Großen Brennnessel ab. Dabei stapeln sie bis zu zehn Eier übereinander. Wenn die kleinen Raupen schlüpfen, bleiben die Eihüllenstapel erhalten. Die älteren Raupen sind schwarz und stachelig.

Falter im Sommer geschlüpft

Landkärtchen findest du an schattigen Waldrändern, auf Waldwegen und am Rand feuchter Wiesen. Sie suchen die Nähe solcher Plätze, an denen sie die Futterpflanze ihrer Raupen finden. Und das ist ausschließlich die gern im feuchten Schatten wachsende Große Brennnessel.

Falter im Frühjahr geschlüpft

## Erstaunlich!

Wenn jemand sagt, das Landkärtchen sei orange mit schwarzen Punkten, und ein anderer sagt, es sei schwarz mit weißen und orangefarbenen Strichen, haben beide recht! Die erste Generation im Frühjahr ist die orangefarbene, die Sommergeneration die dunkle. Die Flügelunterseiten beider haben helle Linien auf braunem Grund – was an eine Landkarte erinnert.

**Die Spannweite der ausgebreiteten Flügel beträgt 2,8 bis 4 cm.**

**Das Landkärtchen fliegt von Anfang April bis Anfang Oktober.**

Jan | Feb | Mär | Apr | Mai | Jun | Jul | Aug | Sep | Okt | Nov

# Der Mauerfuchs

Die grünen Raupen mit einem weißen Seitenstreifen fressen an Gräsern wie dem Schafschwingel, der Aufrechten Trespe, der Fieder-Zwenke und dem Gemeinen Knäuelgras. Die Weibchen des Mauerfuchses legen ihre Eier im Regenschatten von Felsen oder Büschen an vertrockneten Stängeln ab.

Männchen

Weibchen

## Schau genau!

Beim Mauerfuchs kannst du Männchen und Weibchen unterscheiden, wenn du genau hinschaust. Die Flügeloberseiten sind bei beiden orange gefärbt, darauf verlaufen dunkelbraune Zackenbinden. Außerdem zeigen sie jeweils vier Augenflecke pro Seite. Aber nur bei den Männchen findest du einen breiten, braunen Streifen in der Mitte der Vorderflügel. Der besteht aus Duftschuppen, die bei der Balz eine Rolle spielen.

Der erwachsene Falter des Mauerfuchses mag warme Landschaften mit sandigem oder felsigem Untergrund. Du findest ihn in Kiesgruben, auf Trockenrasen oder Felssteppen. Bei der Nektarsuche hat er eine Vorliebe für rote und violette Blüten.

**Die Spannweite der ausgebreiteten Flügel beträgt 3,5 bis 4,5 cm.**

**Der Mauerfuchs fliegt von Mitte April bis Mitte Oktober.**

Feb | Mär | Apr | Mai | Jun | Jul | Aug | Sep | Okt | Nov | Dez

# Der Schlehenspanner

Die Färbung des Schlehenspanners ist besonders variabel. Männliche Falter sind meist dunkler gefärbt als die Weibchen. In seinem weiten Verbreitungsareal existieren dunkelbraune Exemplare ebenso wie beinahe einfarbig orange oder graue Tiere.

## Schau genau!

Die Raupe des Schlehenspanners frisst an den Blättern von krautigen Pflanzen und Strauchgehölzen. Heidelbeeren, Faulbäume und natürlich Schlehen bilden ihre Leibspeise. Die Schlehenspanner-Raupe wird mit fünf Zentimetern recht lang. Mit ihren Höckern und Zipfeln ähnelt die bräunlich gefärbte Raupe einem dünnen Zweig und ist an einem Ast ihrer Futterpflanze bestens getarnt.

Den Schlehenspanner findest du dort, wo seine Futterpflanzen wachsen. An Waldrändern, in lichten Wäldern und an Hecken ist der gelborange Nachtfalter nicht selten anzutreffen. Mitunter findest du ihn auch in Parkanlagen und Gärten mit Obstgehölzen.

**Die Spannweite der ausgebreiteten Flügel beträgt 3,5 bis 4,5 cm.**

**Der Schlehenspanner fliegt von Mitte Mai bis Mitte September.**

Jan | Feb | Mär | Apr | Mai | Jun | Jul | Aug | Sep | Okt | Nov

# Der Schlüsselblumen-Würfelfalter

Die meisten nahen Verwandten des Schlüsselblumen-Würfelfalters leben in den Tropen. Seinen deutschen Namen verdankt er den würfelförmigen orangefarbenen und braunen Flecken auf den Oberseiten seiner Vorderflügel.

## Wichtig zu wissen!

Die Überwinterung ist eine schwierige Phase im Leben vieler Tierarten Mitteleuropas. Die meisten Schmetterlinge lösen das Problem, indem die jungen Raupen der kommenden Frühlingsgeneration an geschützten Orten die kalten Monate verbringen. Der Schlüsselblumen-Würfelfalter überwintert in der Puppenhülle am Boden oder an den Blättern seiner Futterpflanze. So übersteht er auch Frost für längere Zeit.

Die häufigste Futterpflanze der Raupen des Schlüsselblumen-Würfelfalters ist die Echte Schlüsselblume. Sie mögen aber auch andere primelartige Blumen. Diese finden sie an Waldrändern, auf feuchten Wiesen, an den Rändern von Moorgebieten oder in lichten, feuchten Wäldern.

**Die Spannweite der ausgebreiteten Flügel beträgt 2,5 bis 2,8 cm.**

**Der Schlüsselblumen-Würfelfalter fliegt von Mitte April bis Anfang Juli.**

Feb | Mär | Apr | Mai | Jun | Jul | Aug | Sep | Okt | Nov | Dez

# Der Holunderspanner

Die Raupe des Holunderspanners findest du am Schwarzen Holunder, aber auch an der Gemeinen Waldrebe, an Flieder, Stachelbeerbüschen, Zitterpappeln und an Schlehenbüschen. Die Raupe des auffallend großen und hellen Nachtfalters sieht wie ein kleiner, abgestorbener Zweig aus.

Der erwachsene Holunderspanner mag Auwälder, naturnah angelegte Gärten, lockere Laubwälder und Gebüsche. Tagsüber ruht der nachtaktive Spanner unbeweglich auf Blättern und an Baumstämmen. Dank seiner hellgelben Färbung sieht er wie ein kleiner Sonnenfleck oder eine Flechte aus und ist bestens getarnt.

## Schau genau!

Der Holunderspanner hört auch auf den Namen Nachtschwalbenschwanz. Diesen Namen erhielt er aufgrund seiner ungewöhnlich geformten Hinterflügel. Sie laufen zum Ende hin jeweils in einem Zipfel aus, was die Namensgeber wohl an die verlängerten Federn am Schwanz mancher Schwalbenarten erinnerte. An der Basis eines jeden Zipfels finden sich je zwei kleine, rötliche Flecke.

**Die Spannweite der ausgebreiteten Flügel beträgt 4 bis 5 cm.**

**Der Holunderspanner fliegt von Mitte März bis Mitte August.**

Jan | Feb | Mär | Apr | Mai | Jun | Jul | Aug | Sep | Okt | Nov

# Der Hornissen-Glasflügler

Die Raupe des Hornissen-Glasflüglers entwickelt sich, anders als die meisten Schmetterlingsraupen, im Verborgenen. Sie frisst das Holz und die Wurzeln verschiedener Pappelarten. Die Raupe ist weiß mit einem braunen Kopf und erinnert an einen Engerling, also an eine Käferlarve.

## Wichtig zu wissen!

Dieser harmlose Schmetterling sieht nicht etwa zufällig wie eine gefährliche Hornisse aus. Sein Aussehen entstand durch eine Jahrtausende dauernde Veränderung von einem typischen zu einem für Fressfeinde gefährlich aussehenden Schmetterling. Die allmähliche Veränderung eines Lebewesens nennen Wissenschaftler Evolution. Wenn harmlose Tiere gefährliche nachahmen, heißt das Mimikry.

Hornissen-Glasflügler findest du zumeist dort, wo auch die Futterbäume ihrer Raupen wachsen. Die meisten Pappeln mögen feuchte Standorte an Gewässerufern, in den Auwäldern der größeren Flusstäler und an Wegen zwischen feuchten Wiesen. Oft sitzen die geschlüpften Glasflügler noch längere Zeit an dem Baum, aus dem sie geschlüpft sind.

## Finger weg!

Hier heißt es auch für dich: Sieh ganz genau hin, bevor du einen Hornissen-Glasflügler berührst. Es könnte vielleicht eine echte und damit schmerzhaft stechende Hornisse sein.

**Die Spannweite der ausgebreiteten Flügel beträgt 3 bis 4,5 cm.**

**Der Hornissen-Glasflügler fliegt von Mitte Mai bis Mitte August.**

Feb | Mär | Apr | Mai | Jun | Jul | Aug | Sep | Okt | Nov | Dez

# Der Schwalbenschwanz

Der Schwalbenschwanz ist ein großer und auffällig gefärbter Tagfalter. Er fliegt schnell und unruhig umher. Daher ist es relativ schwierig, den schönen Schmetterling mit ausgebreiteten Flügeln zu beobachten. Seine bunte Raupe frisst besonders gern an der Wilden Möhre und anderen Doldengewächsen.

## Wichtig zu wissen!

Neben den Faltern selbst und ihren oft typisch gefärbten oder geformten Raupen kannst du die Schmetterlingsarten auch an ihren Puppen unterscheiden. Die grün oder braun gefärbte Schwalbenschwanz-Puppe spinnt sich nicht vollständig ein, wie es die Puppen vieler anderer Falter tun. Sie befestigt sich mit einem einzelnen Spinnfaden, dem sogenannten Gürtelfaden, an Stängeln oder Steinen. Diese Puppenform nennen Biologen Gürtelpuppe.

Der erwachsene Schwalbenschwanz mag offenes, sonniges und warmes Gelände. An sandigen Wegrändern, auf Trockenrasen und in manchen Gärten fühlt er sich wohl und besucht nektarreiche Blüten. Seine Eier legt er dort an den Blättern von Pastinaken, Dill, Möhren, Anis und Fenchel ab.

**Die Spannweite der ausgebreiteten Flügel beträgt 5 bis 7,5 cm.**

**Der Schwalbenschwanz fliegt von Anfang April bis Ende September.**

Jan | Feb | Mär | Apr | Mai | Jun | Jul | Aug | Sep | Okt | Nov

# Der Segelfalter

Der große Tagfalter ist das Zebra unter den Schmetterlingen. Auf seinen hellgelben, breiten Vorderflügeln finden sich schwarze, nach hinten schmäler werdende Bänder. Die Zipfel an den Enden der Hinterflügel sind länger als die des verwandten Schwalbenschwanzes.

## Schau genau!

Die junge Raupe des Segelfalters ist schwarz gefärbt und besitzt zwei helle Flecke. Sie ist auf den Blättern ihrer Futterpflanzen leicht zu finden. Die älteren Raupen sehen ganz anders aus. Sie sind grün und vorn viel höher als hinten. Sie sehen wie ein halbes Blatt aus und sind somit gut getarnt und schwer zu entdecken.

Der Segelfalter mag offenes, warmes Gelände mit Hügeln und kleineren Bergen darin. Oft findest du ihn auf Trockenrasen, an Weinbergen und auf Heidesteppen. Für die Balz treffen sich zahlreiche Falter auf den sonnigen Kuppen baumloser Hügel. Seine Eier legt der Segelfalter an Schlehen und anderen Pflaumengehölzen ab.

**Die Spannweite der ausgebreiteten Flügel beträgt 5 bis 7 cm.**

**Der Segelfalter fliegt von Mitte März bis Anfang September.**

| Feb | Mär | Apr | Mai | Jun | Jul | Aug | Sep | Okt | Nov | Dez |
|---|---|---|---|---|---|---|---|---|---|---|

# Der Totenkopfschwärmer

Der auffällig große Nachtfalter mit seiner typischen Totenkopfzeichnung auf dem Rücken ist ein unverwechselbarer und bei uns sehr seltener Schmetterling. Seine Raupen kommen in drei Farben vor: Gelb, Grün und selten Braun. Sie fressen giftige Pflanzen wie Nachtschattengewächse und Liguster.

## Wichtig zu wissen!

Der erwachsene Totenkopfschwärmer ist ein Honigdieb. Er fliegt nicht von Blüte zu Blüte. Vielmehr überlässt er das Nektarsammeln den Bienen, dringt in deren Stöcke ein und saugt mit seinem kurzen, aber festen Rüssel den fertigen Honig direkt aus den Waben. Wird er angegriffen, verteidigt der Totenkopfschwärmer sich mit lauten Pfeiftönen, die er mit seinem Rüssel erzeugt.

Der Totenkopfschwärmer ist ein Gast in Mitteleuropa. Er wandert in manchen Jahren aus Afrika und Südeuropa zu uns. In Mitteleuropa kann sich der Totenkopfschwärmer nicht vermehren. Er legt zwar Eier und die Raupen können sich bis zur Puppe entwickeln. Diese übersteht jedoch den europäischen Winter in der Regel nicht.

**Die Spannweite der ausgebreiteten Flügel beträgt 8 bis 12 cm.**

**Der Totenkopfschwärmer fliegt von Mitte Mai bis Mitte Oktober.**

Jan | Feb | Mär | Apr | Mai | Jun | Jul | Aug | Sep | Okt | Nov

# Der Wandergelbling

Mit zusammengeklappten Flügeln kannst du den Wandergelbling (Postillon) leicht mit einem Zitronenfalter verwechseln. Seine Flügelunterseiten sind grünlich gelb gefärbt und besitzen manchmal drei kleine Flecke: einen schwarzen sowie zwei weiße, rot umrandete.

**Wichtig zu wissen!**

Es gibt eine Reihe von Schmetterlingen, die ab Frühling aus Südeuropa oder Afrika nach Mitteleuropa wandern und dabei große Strecken und beachtliche Hindernisse wie das Mittelmeer und die Alpen überwinden. Der Grund hierfür ist unklar, denn die meisten Wanderfalter kehren nicht in den Süden zurück. Sicher ist nur, dass die Falter aufgrund von Nahrungsmangel ihre Lebensräume im Süden verlassen.

Der gelbe Tagfalter wandert im Frühling regelmäßig aus Südeuropa zu uns. Er überwintert hier jedoch in der Regel nicht. Er sucht warmes, offenes Gelände mit nektarreichen Blüten auf. Dabei bevorzugt er alle Arten von Klee und andere Hülsenfrüchte.

**Die Spannweite der ausgebreiteten Flügel beträgt 4 bis 5 cm.**

**Der Wandergelbling fliegt von Anfang April bis Ende Oktober.**

Feb | Mär | Apr | Mai | Jun | Jul | Aug | Sep | Okt | Nov | Dez

# Der Weißkleegelbling

Der Weißkleegelbling (Goldene Acht) ist einer der am weitesten verbreiteten Gelblinge. Mit Ausnahme von Wüsten und Hochgebirgen findest du ihn von Mitteleuropa bis nach China. In seinem Verbreitungsgebiet existieren viele leicht unterschiedliche Farbvarianten. Stets besitzt er auf den Flügelunterseiten je zwei weiße, rot umrandete Flecke, die einer „8" ähneln.

## Schau genau!

Es gibt über 20 verschiedene Tagfalterarten, die von Wissenschaftlern zur Familie der Weißlinge und zur Unterfamilie der Gelblinge gezählt werden. Alle Gelblinge sind schwer voneinander zu unterscheiden. Manchmal sind es sehr kleine Merkmale wie Flecke oder Linien auf oder unter den Flügeln, an denen du Arten relativ sicher erkennen kannst. Auch die stets etwas unterschiedlich gefärbten Raupen helfen bei der Arterkennung.

Raupen und Falter des Weißkleegelblings mögen Klee, Luzerne und andere Hülsenfrüchte. Diese finden die tagaktiven Falter auf Wiesen, Magerrasen, Brachflächen, an Wegrändern, in Wacholderheiden und in weiteren, vom Menschen geschaffenen Offenlandschaften.

**Die Spannweite der ausgebreiteten Flügel beträgt 3,5 bis 4,5 cm.**

**Der Weißkleegelbling fliegt von Anfang Mai bis Mitte Oktober.**

Jan | Feb | Mär | Apr | Mai | Jun | Jul | Aug | Sep | Okt | Nov

# Der Zitronenfalter

Der recht große, zitronengelbe und manchmal grünlich gelbe Tagfalter ist einer der ersten Schmetterlinge, die an warmen Tagen im zeitigen Frühjahr erscheinen. Er ist auch heute noch fast überall in seinem Verbreitungsgebiet häufig anzutreffen.

**Leuchtend gelb sind die Männchen.**

Die samtgrünen Raupen des Zitronenfalters findest du am Faulbaum und an einigen anderen Kreuzdorngewächsen. Die Falter halten sich an Waldrändern, Gebüschen und Wegrändern auf. Auch in naturnah bepflanzten Gärten findet sich der gelbe Falter ein, um Nektar zu trinken.

## Erstaunlich!

Der Zitronenfalter wird, verglichen mit allen anderen einheimischen Schmetterlingsarten, uralt. Seine Lebenserwartung beträgt bis zu zwölf Monate! Er überwintert als erwachsener Falter im Freiland unter den Blättern von Büschen oder Brombeeren. Dabei verhindert ein spezieller Mechanismus das Erfrieren des Zitronenfalters: Er konzentriert seinen Zellsaft, wodurch sein Gefrierpunkt deutlich ansteigt. Auch eine längere Winterstarre schadet ihm nicht.

**Die Spannweite der ausgebreiteten Flügel beträgt 5 bis 5,5 cm.**

**Der Zitronenfalter fliegt bei passender Witterung das ganze Jahr hindurch.**

Feb | Mär | Apr | Mai | Jun | Jul | Aug | Sep | Okt | Nov | Dez

# Der Zitronenspanner

Der schlanke und überwiegend nachtaktive Zitronenspanner (Gelbspanner) ist aufgrund seiner hellgelben Flügelfarbe und der vor allem auf den Oberseiten der Vorderflügel befindlichen rotbraunen Flecke unverwechselbar. Am Tag sitzt er mit ausgebreiteten Flügeln auf Blättern und Baumstämmen.

**Hier ist eine Spannerraupe unterwegs.**

Die Raupe des Zitronenspanners frisst an den Blättern vieler unterschiedlicher Laubgehölze wie etwa der Schlehe, des Weißdorns und der Salweide. Entsprechend vielfältig ist der Lebensraum des Zitronenspanners: Du findest ihn in Laubwäldern, Parkanlagen und großen Gärten.

## Schau genau!

Die große Schmetterlingsfamilie der Spanner umfasst weltweit etwa 23 000 Arten. Ihren Namen verdankt die Familie der Fortbewegungsweise ihrer Raupen. Diese „robben" nicht vorwärts wie andere Raupen. Sie strecken ihr Vorderende weit voraus und ziehen das Hinterende nach, sodass eine große Schleife entsteht. Das erinnert an die alte Maßeinheit „Handspanne".

**Die Spannweite der ausgebreiteten Flügel beträgt 3,2 bis 3,7 cm.**

**Der Zitronenspanner fliegt von Mitte März bis Ende September.**

Jan | Feb | Mär | Apr | Mai | Jun | Jul | Aug | Sep | Okt | Nov

# Der Brombeerzipfelfalter

Der Name Brombeerzipfelfalter ist unpassend: Der kleine Falter hat nur winzige Zipfel an den Enden seiner Hinterflügel und seine Raupen fressen keine Brombeerblätter. Der ebenfalls verwendete Name Grüner Zipfelfalter spielt auf die außergewöhnlichen hellgrünen Flügelunterseiten an. Auf der Oberseite ist der Falter dunkelbraun.

**Wichtig zu wissen!**

Wissenschaftler versuchen stets, alle Lebewesen anhand ihrer Merkmale in eine sinnvolle Ordnung zu bringen. Aus der Sortierung ergeben sich mögliche Verwandtschaftsverhältnisse zwischen den Arten. Diese sind aber nicht immer eindeutig. So kommt es vor, dass Arten zum Beispiel aufgrund neuer Methoden auch wieder anders einsortiert werden.

Du findest den gut getarnten Brombeerzipfelfalter bei gründlicher Suche auf Blättern von Gebüschen in unterschiedlichen Lebensräumen. Neben lichten Wäldern sind dies zum Beispiel Ginsterheiden, Zwergstrauchheiden und Ränder von Mooren.

Die Spannweite der ausgebreiteten Flügel beträgt 2,4 bis 2,8 cm.

Der Brombeerzipfelfalter fliegt von Anfang April bis Mitte Juli.

Feb | Mär | Apr | Mai | Jun | Jul | Aug | Sep | Okt | Nov | Dez

# Das Grüne Blatt

Das Grüne Blatt ist komplett in einem unter Schmetterlingen seltenen satten Grün bis Blaugrün gefärbt. Auf den Flügeloberseiten verlaufen mehrere sehr zarte, weiße Wellenlinien. Wie die meisten Spanner ist das Grüne Blatt überwiegend nachtaktiv.

Grüne Blätter findest du in Laubwäldern auf feuchtem Gelände, in Auwäldern, in Heidegebieten mit Birkenbestand und in manchen naturnah angelegten Gärten. Neben Birken sind Rotbuchen und andere Laubgehölze als Futterpflanzen der Raupen bekannt.

## Schau genau!

Das Grüne Blatt gehört zur Familie der Spanner. Die Spanner entwickeln sich in der Regel aus schlanken Raupen, die in Gestalt und Verhalten einem kleinen Zweig ähneln. Bei Gefahr richten sie sich auf und bleiben starr wie ein Stöckchen. Die Raupe des Grünen Blattes ist für eine Spannerraupe auffallend mollig und plump. Sie ahmt einen Birkenfruchtzapfen nach.

**Die Spannweite der ausgebreiteten Flügel beträgt 4 bis 5 cm.**

**Das Grüne Blatt fliegt von Anfang Juni bis Ende August.**

Jan | Feb | Mär | Apr | Mai | Jun | Jul | Aug | Sep | Okt | Nov

# Der Olivgrüne Bindenspanner

Mit seiner unregelmäßigen, olivgrünen und bräunlichen Musterung ist der Olivgrüne Bindenspanner gut getarnt, wenn er tagsüber mit ausgebreiteten Flügeln auf Baumrinden und Blättern ruht. In Ruhestellung klappt er seine Fühler unter die Flügel.

## Erstaunlich!

Wie die meisten Spannerarten ist auch der Olivgrüne Bindenspanner nachtaktiv. Er fliegt in der Dunkelheit geöffnete Blüten an, um Nektar zu trinken. So entgeht er tagaktiven Räubern wie Vögeln und Insektenfressern. Dafür muss er sich nachts vor Fledermäusen und Laufkäfern in Acht nehmen. Die Raupe des Olivgrünen Bindenspanners ist aber tagaktiv.

Die Raupe des Olivgrünen Bindenspanners frisst die Blätter verschiedener Laubbäume wie Salweide, Zitterpappel, Stiel-Eiche, Bergahorn, Faulbaum und Winterlinde. Die Falter findest du weitverbreitet in vielen Formen von Misch- und Laubwäldern.

**Die Spannweite der ausgebreiteten Flügel beträgt 2,5 bis 3 cm.**

**Der Olivgrüne Bindenspanner fliegt bei passender Witterung das ganze Jahr hindurch.**

Feb | Mär | Apr | Mai | Jun | Jul | Aug | Sep | Okt | Nov | Dez

# Das Sonnenröschen-Grünwidderchen

Sitzt das Sonnenröschen-Grünwidderchen auf einer Blüte, sind lediglich seine dreieckig geformten und leuchtend goldgrün gefärbten Vorderflügel zu sehen. Erst im Flug und bei der Landung erkennst du die unscheinbar grauschwarz gefärbten Hinterflügel.

Aufgrund seiner Spezialisierung auf eine einzige Futterpflanze findest du das Sonnenröschen-Grünwidderchen stets in der Nähe von Beständen des Gelben Sonnenröschens, also auf Trockenrasen und Grasheiden. In den Bergen triffst du den Falter auf von der Sonne beschienenen Ebenen in größerer Zahl an.

## Erstaunlich!

Das Sonnenröschen-Grünwidderchen nutzt für seine Fortpflanzung, soweit bisher bekannt, eine einzige Futterpflanze: das Gelbe Sonnenröschen. Bisher wurden seine Raupen in der Natur nur an dieser Blütenpflanze gefunden.

Die tagaktiven Nachtfalter sind also sehr standorttreu und zeigen durch ihr Verschwinden oder häufigeres Auftreten eine Veränderung ihrer näheren Umwelt an. Wissenschaftler nennen solche Arten Bioindikatoren.

**Die Spannweite der ausgebreiteten Flügel beträgt etwa 2 cm.**

**Das Sonnenröschen-Grünwidderchen fliegt von Anfang Juni bis Mitte August.**

Jan | Feb | Mär | Apr | Mai | Jun | Jul | Aug | Sep | Okt | Nov

# Der Blaue Eichenzipfelfalter

Der leuchtend dunkelblau gefärbte Falter ist auch für einen Schmetterling kurzlebig. Er wird selten älter als zwei Monate. Die Raupen des Blauen Eichenzipfelfalters fressen zunächst die Knospen und Blüten gerade austreibender Eichen. Erst wenn alle Blüten gefressen sind, ernähren sie sich von den frischen Eichenblättern.

**Wasser und Mineralien nimmt der Falter aus dem Boden auf.**

## Schau genau!

Den Blauen Eichenzipfelfalter bekommst du selten zu Gesicht. Er ist jedoch kein besonders seltener Schmetterling. Ähnlich wie zahlreiche Tierarten im tropischen Regenwald verbringt der Bläuling sein Leben im luftigen Kronenbereich der Bäume. Seine Nahrung besteht aus Honigtau, einer zuckerhaltigen Flüssigkeit, die von Blattläusen ausgeschieden wird.

Der Blaue Eichenzipfelfalter hält sich gern in lichten Eichenwäldern und an den besonnten Rändern von Eichenwäldern auf. Auch in den Kronen einzeln stehender Eichen ist er in Mitteleuropa nicht selten anzutreffen.

**Die Spannweite der ausgebreiteten Flügel beträgt 2,8 bis 3,3 cm.**

**Der Blaue Eichenzipfelfalter fliegt von Anfang Juli bis Ende August.**

| Feb | Mär | Apr | Mai | Jun | Jul | Aug | Sep | Okt | Nov | Dez |
|---|---|---|---|---|---|---|---|---|---|---|

# Der Faulbaumbläuling

Die Flügelunterseiten des Faulbaumbläulings (Gartenbläuling) sind hellgrau gefärbt. Die wenigen schwarzen Punkte darauf bilden kein Muster. Die Flügeloberseiten sind hellblau und beim Weibchen breiter dunkel umrandet als beim Männchen.

**Die Weibchen haben einen breiten dunklen Flügelrand, bei den Männchen ist es nur ein feiner Streifen.**

Der Falter fliegt an Waldrändern, auf Lichtungen, in Heide- und Brachlandschaften, Gärten und Parks. Er bevorzugt lichte Wälder mit sandigen Böden in sonnigen Gegenden. Seine Raupen fressen Knospen und Blätter verschiedener Bäume, Sträucher und Kräuter.

## Wichtig zu wissen!

Der Faulbaumbläuling ist ein Kulturfolger. So nennt man Tier- und Pflanzenarten, die die Nähe des Menschen nutzen. Aus unterschiedlichen Gründen folgen sie uns in unsere Siedlungen, Kulturlandschaften, Gärten und manchmal sogar in unsere Häuser. Der Faulbaumbläuling profitiert in Gärten, Parks und Grünanlagen davon, dass er mindestens 20 Futterpflanzen nutzen kann und dass in den Städten kaum noch Insektengifte verwendet werden.

**Die Spannweite der ausgebreiteten Flügel beträgt 2,3 bis 3 cm.**

**Der Faulbaumbläuling fliegt von Anfang April bis Ende August.**

# Der Große Schillerfalter

Die Raupe des Großen Schillerfalters ähnelt mit den zwei Hörnchen am Vorderende einer Nacktschnecke. Die Flügeloberseite der weiblichen Falter ist dunkelgrau mit weißen Binden und Flecken sowie mit rot umrandeten Augenflecken. Die Flügelunterseite ist bei beiden Geschlechtern bunt gefärbt.

## Schau genau!

Nur die Flügeloberseiten der männlichen Schillerfalter schillern leuchtend blau. Aber nur, wenn das Sonnenlicht die farblosen Schuppen auf den Flügeln in einem bestimmten Winkel trifft. Das weiße Sonnenlicht wird an den Schuppen so gebrochen, dass nur der blaue Anteil des Lichts reflektiert und für uns sichtbar wird. Dieser Effekt entsteht unter anderem durch Luft, die in den Schuppen der Männchen eingeschlossen ist.

Die Raupen findest du an der Salweide und anderen breitblättrigen Weidenarten. Die erwachsenen Falter sind in feuchten Laub- und Auwäldern und auf schattigen Waldwegen anzutreffen. Sie trinken keinen Nektar und sitzen oft am Boden, auf Aas oder Kot.

**Die Spannweite der ausgebreiteten Flügel beträgt 5,5 bis 6,5 cm.**

**Der Große Schillerfalter fliegt von Anfang Juni bis Mitte August.**

Feb | Mär | Apr | Mai | Jun | Jul | Aug | Sep | Okt | Nov | Dez

# Der Hauhechelbläuling

Anders als die meisten seiner Verwandten kommt der Hauhechelbläuling mit Veränderungen seiner Umwelt gut zurecht. Er findet in vielen Landschaftsformen Futterpflanzen für seine Raupen und erschließt sich neue Lebensräume leichter als andere Bläulinge.

Weibchen

Männchen

## Schau genau!

Weibchen und Männchen der meisten Schmetterlingsarten sind schwer voneinander zu unterscheiden. Vor allem ihre Flügelfärbung ist sehr ähnlich. Anders bei den Bläulingen, hier unterscheiden sich die Geschlechter meist deutlich.

Auf blütenreichen Wiesen und Trockenrasen findest du den Hauhechelbläuling häufig. Auch an Wald- und Wegrändern, in alten Kiesgruben und am Rand von Mooren ist der tagaktive Falter einer unserer häufigsten Bläulinge. Du siehst ihn meist in kleinen Gruppen nektarreiche Blüten besuchen.

**Die Spannweite der ausgebreiteten Flügel beträgt 2,5 bis 3,2 cm.**

**Der Hauhechelbläuling fliegt von Anfang Mai bis Mitte Oktober.**

Jan | Feb | Mär | Apr | Mai | Jun | Jul | Aug | Sep | Okt | Nov

# Der Kurzschwänzige Bläuling

Seinen Namen verdankt er einem sehr kleinen, weißen Zipfel an jedem seiner Hinterflügel. Die Flügel der Männchen sind oberseits blauviolett mit dunklem Rand. Die Flügeloberseiten der Weibchen sind graubraun gefärbt. Die Flügelunterseiten beider Geschlechter sind hellgrau und haben schwarze Punkte.

## Mach mit!

Die Raupen des Kurzschwänzigen Bläulings und die seiner Verwandten sind auf Schmetterlingsblütler als Futterpflanzen angewiesen. In unserer aufgeräumten Kulturlandschaft werden diese Blütenpflanzen wie Klee, Ginster, Hornklee, Luzerne, Wicken und Erbsensträucher immer seltener. Wenn du einen eigenen Garten, einen Schulgarten oder einen Balkon hast, kannst du dort solche Pflanzen anbauen.

Männchen

kleiner, weißer Zipfel

Die tagaktiven und wärmeliebenden Falter findest du auf blütenreichen Wiesen mit Gebüschen oder an Wegrändern. Auch auf sonnigen Waldlichtungen in Laubwäldern hält sich der Kurzschwänzige Bläuling auf, wenn es dort Blütenpflanzen gibt.

Weibchen

**Die Spannweite der ausgebreiteten Flügel beträgt 2,5 bis 3 cm.**

**Der Kurzschwänzige Bläuling fliegt von Mitte April bis Mitte August.**

Feb | Mär | Apr | Mai | Jun | Jul | Aug | Sep | Okt | Nov | Dez

# Der Violette Waldbläuling

Der auch als Rotkleebläuling bekannte Tagfalter verdankt diesen Namen seiner Vorliebe für rot blühende Kleesorten. Die Geschlechter des Violetten Waldbläulings sind leicht zu unterscheiden. Während die Flügeloberseiten der Männchen dunkelblau bis violett schimmern, sind die Weibchen oberseits braun gefärbt.

Den Violetten Waldbläuling findest du auf feuchten Wiesen, an Deichen und grasigen Hängen, an Gebüschen und auf Waldlichtungen. Bei der Auswahl seines Lebensraumes bevorzugt er blütenreiche und eher feuchte Gebiete.

## Erstaunlich!

Viele Bläulinge sind bei der Wahl ihrer Futterpflanzen stark spezialisiert. Der Violette Waldbläuling bevorzugt für die Eiablage rot blühende Kleesorten. Andere Bläulinge benötigen für die Eiablage eine bestimmte Pflanzenart oder leben sogar mit nur einer einzigen Pflanze zusammen. Die Raupen noch stärker spezialisierter Arten lassen sich von Ameisen in deren Nest schleppen und bis zur Verpuppung füttern. Ihre Spezialisierung macht die Bläulinge anfällig für Umweltveränderungen.

**Die Spannweite der ausgebreiteten Flügel beträgt 2,5 bis 3 cm.**

**Der Violette Waldbläuling fliegt von Anfang Mai bis Mitte Oktober.**

Jan | Feb | Mär | Apr | Mai | Jun | Jul | Aug | Sep | Okt | Nov

# Der Birkenspanner

Die Grundfarbe des nachtaktiven Birkenspanners ist Weiß. Auf den Flügeloberseiten besitzt er zudem unregelmäßige schwarze Flecke. Mit dieser Färbung ist er tagsüber, flach auf Birkenrinde sitzend, sehr gut getarnt. Seine hellgrüne Raupe klammert sich am Tag an Zweige und ist nur schwer zu entdecken.

Der Birkenspanner hält sich bevorzugt in lichten Auwäldern, Bruchwäldern, an Birkenalleen und Moorrändern auf. Auch in Gebüschen und auf baumbestandenem Brachland ist er zu finden. Seine Raupen fressen die Blätter von Birken, Weiden, Schlehen, Erlen und Eichen.

## Wichtig zu wissen!

Neben der weißen Form mit schwarzem Muster erscheinen regelmäßig ganz schwarz gefärbte Birkenspanner in geringerer Anzahl. Diese sind auf schwarz gefärbter Baumrinde besonders gut getarnt. Früher nahm man an, die Existenz dieser schwarzen Form sei eine Anpassung an die starke Umweltverschmutzung zu Beginn der Industrialisierung. Damals waren viele Baumstämme durch Kohlestaub und Abgase schwarz gefärbt. Die Theorie ist bis heute umstritten.

**Die Spannweite der ausgebreiteten Flügel beträgt 3,5 bis 6 cm.**

**Der Birkenspanner fliegt von Mitte Mai bis Mitte Juli.**

Feb Mär Apr Mai Jun Jul Aug Sep Okt Nov Dez

# Der Eichenprozessionsspinner

Die Vorderflügel des Eichenprozessionsspinners sind grau mit schwach ausgeprägten dunklen Querlinien. Die Hinterflügel sind weißgrau. Die Raupen des Eichenprozessionsspinners ruhen am Tag gemeinsam in einer Gespinsthöhle und bewegen sich abends in einer Reihe, nah hintereinander, zu ihrer Nahrung – wie auf einer Prozession.

**Los geht es Richtung Futterplatz.**

Die Raupen fressen die Blattknospen und Blätter verschiedener Eichenarten. Die nachtaktiven Falter halten sich gern in warmen, leicht feuchten Eichenwäldern auf. Der Eichenprozessionsspinner ist eine der sich aktuell am stärksten ausbreitenden Schmetterlingsarten.

## Finger weg!

Von den etwa vier Zentimeter langen Raupen des Eichenprozessionsspinners sollte man sich fernhalten. Sie besitzen zwei Arten von Brennhaaren: Weitgehend ungefährlich sind die leicht sichtbaren, etwa zehn Millimeter langen Haare. Nur einen Drittel Millimeter lang und gefährlich ist eine zweite Sorte von Brennhaaren. Diese löst bei vielen Menschen starke allergische Reaktionen von Haut und Schleimhäuten aus. Deshalb werden befallene Eichenwälder für Menschen gesperrt.

**Die Spannweite der ausgebreiteten Flügel beträgt 2,5 bis 3,5 cm.**

**Der Eichenprozessionsspinner fliegt von Anfang Juli bis Mitte September.**

Jan | Feb | Mär | Apr | Mai | Jun | Jul | Aug | Sep | Okt | Nov

# Die Gammaeule

Die Gammaeule ist ein Nachtfalter, der oft auch am Tag Blüten besucht, um Nektar zu trinken. Sie ist ein in ganz Europa heimischer und häufiger Wanderfalter. In ungünstigen Wintern gehen die nördlichen Bestände zurück. Im Folgejahr wandern Tiere aus Südeuropa ein und frischen die Bestände auf.

**Erstaunlich!**

Die Eulenfalter sind eine der artenreichsten Schmetterlingsfamilien. Weltweit wurden etwa 35 000 Arten beschrieben. Bei uns leben mindestens 650 Arten. Die meisten davon sind nachtaktiv. Einige Eulenfalter gelten aufgrund ihrer Ernährungsweise als Schädlinge in Land- und Forstwirtschaft. Mehrere Arten in Asien haben Stechrüssel entwickelt und saugen das Blut von Säugetieren.

Gammaeulen mögen offenes Gelände, auch Kulturland. Sie kommen in der Nähe des Menschen gut zurecht, denn ihre Raupen ernähren sich von vielen unterschiedlichen Pflanzen. Darunter sind auch Kulturpflanzen, an denen sie bei starker Vermehrung empfindliche Schäden anrichten können.

**Die Spannweite der ausgebreiteten Flügel beträgt 3,5 bis 4 cm.**

**Die Gammaeule fliegt von Anfang März bis Ende November.**

Feb | Mär | Apr | Mai | Jun | Jul | Aug | Sep | Okt | Nov | Dez

# Der Große Gabelschwanz

Beim Großen Gabelschwanz handelt es sich um einen großen Nachtfalter. Seine pelzig-weich wirkenden Flügel sind hellgrau mit schwarzen Zickzacklinien darauf. Besonders beeindruckend und Namen gebend ist die Gabelschwanz-Raupe.

## Finger weg!

Die Raupe des Großen Gabelschwanzes ist wehrhaft. Sie wird acht Zentimeter lang und ist leuchtend hellgrün mit einer weiß gesäumten schwarzen Rückenbinde. Bei Gefahr zieht die Raupe ihren Kopf in einen roten Brustring mit schwarzen Augenflecken zurück. Zugleich verlängert sie ihre Schwanzgabel mithilfe roter, zitternder Fortsätze. Hilft das nicht, spritzt sie dem Angreifer ätzende Ameisensäure entgegen.

Der Falter des Großen Gabelschwanzes bevorzugt sonnige und feuchte Pappelgehölze an Gewässerrändern, in ehemaligen Kiesgruben, in Auwäldern oder an Wegrändern. Seine Raupen fressen die Blätter verschiedener Pappel- und einiger Weidenarten.

**Die Spannweite der ausgebreiteten Flügel beträgt 5,8 bis 7,5 cm.**

**Der Große Gabelschwanz fliegt von Anfang April bis Ende Juli.**

Jan | Feb | Mär | Apr | Mai | Jun | Jul | Aug | Sep | Okt | Nov

# Das Große Ochsenauge

Große Ochsenaugen sind oberseits dunkelbraun oder graubraun gefärbt. Auf den Vorderflügeln befindet sich ein orangefarbener Bereich, an dessen Außenrand das Ochsenauge liegt: ein schwarzer Augenfleck mit weißem Punkt in der Mitte. Der Augenfleck ist beim Weibchen größer und deutlicher als beim Männchen.

Du findest das in Europa weitverbreitete Große Ochsenauge in offenem Gelände, auf trockenen bis mäßig feuchten Wiesen, an den Rändern von Wäldern, Wegen oder Mooren oder auf Trockenrasen. Die Raupen fressen an Süßgräsern wie dem Schafschwingel, dem Wolligen Honiggras und der Aufrechten Trespe.

## Wichtig zu wissen!

Das Große Ochsenauge zählt zu den Augenfaltern. Die Augenfalter bilden eine Unterfamilie der Edelfalter. Sie sind in Europa mit etwa 160 Arten vertreten und werden auch als Grasfalter bezeichnet, weil sie ihre Eier an Süßgräsern ablegen. Alle Augenfalter besitzen Augenflecke auf ihren meist braun gefärbten Flügeln. Diese sollen Angreifer verwirren und abschrecken.

**Die Spannweite der ausgebreiteten Flügel beträgt 4 bis 4,8 cm.**

**Das Große Ochsenauge fliegt von Anfang Juni bis Mitte September.**

Feb | Mär | Apr | Mai | Jun | Jul | Aug | Sep | Okt | Nov | Dez

# Der Kiefernschwärmer

Der nachtaktive Kiefernschwärmer ist eine unserer häufigsten Schwärmerarten. Aufgrund seiner heimlichen Lebensweise und seiner sehr guten Tarnung sehen wir ihn jedoch nur selten. Tagsüber sitzt der dunkle, graubraune Falter mit den typisch schwarz-weiß gemusterten Flügelrändern flach auf Nadelbaumstämmen.

## Schau genau!

Die Schmetterlingsfamilie der Schwärmer ist in Mitteleuropa nur mit etwas über 20 Arten vertreten. In warmen Sommern wandern aus Südeuropa einige weitere Arten ein, vermehren sich bei uns jedoch nicht. Alle Schwärmer sind schnittig gebaut. Ihre Flügelform erinnert an ein Düsenflugzeug. Ihre langen Flügel sind dreieckig geformt und ermöglichen den Schwärmern einen verhältnismäßig schnellen Flug.

Die Raupe des Kiefernschwärmers frisst die Nadeln von Kiefern, Fichten und – seltener – von Lärchen. Der Falter hält sich in Nadelwäldern, Mischwäldern, Parks und größeren Gärten auf. Spätabends und nachts besucht er die Blüten von Geißblatt und Seifenkraut.

**Die Spannweite der ausgebreiteten Flügel beträgt 6,5 bis 8 cm.**

**Der Kiefernschwärmer fliegt von Mitte April bis Ende August.**

Jan | Feb | Mär | Apr | Mai | Jun | Jul | Aug | Sep | Okt | Nov

# Der Mondvogel

Der Mondvogel (Mondfleck) ähnelt mit angelegten Flügeln einem Aststück. Die grauen, silbrig beschuppten Flügeloberseiten mit den dunklen Querbinden ähneln der Rinde eines Laubbaums. An den Flügelspitzen und im Kopfbereich ist der Falter gelblich wie das Holz eines Zweiges gefärbt.

## Schau genau!

Die Raupen zahlreicher Schmetterlingsarten sind gut getarnt, weil sie einem Zweig, einem Stängel oder einem Blatt ähneln. Viele Falter gleichen mit ausgebreiteten Flügeln dem Untergrund: der Rinde von Baumstämmen, auf denen sie flach mit ausgebreiteten Flügeln sitzen. So sind auch sie gut getarnt. Der Mondvogel ähnelt mit angelegten Flügeln verblüffend einem abgebrochenen, morschen Zweig und ist auf Laubbäumen nur schwer zu entdecken.

Den nachtaktiven Mondvogel findest du mit etwas Glück in Gärten und Parkanlagen mit Laubbäumen. Auch in nicht allzu dichten Laubwäldern, Mischwäldern und Gebüschen ist der Mondvogel zu Hause. Seine Raupen fressen die Blätter vieler unterschiedlicher Laubgehölze.

**Die Spannweite der ausgebreiteten Flügel beträgt 4,8 bis 6,5 cm.**

**Der Mondvogel fliegt von Anfang Mai bis Mitte August.**

Feb | Mär | Apr | Mai | Jun | Jul | Aug | Sep | Okt | Nov | Dez

# Der Pappelschwärmer

Der große, nachtaktive Pappelschwärmer wirkt rundlich und gemütlich. Tagsüber sitzt er mit ausgebreiteten Flügeln an Baumstämmen und tarnt sich als welkes Blatt. Wird er gestört oder angegriffen, präsentiert er rote Flecke auf seinen Hinterflügeln.

## Erstaunlich!

Der Falter des Pappelschwärmers kann keine Nahrung zu sich nehmen. Sein Saugrüssel ist derart verkümmert, dass er weder Nektar noch andere Pflanzensäfte damit saugen kann. Das ist auch nicht notwendig, denn der relativ dicke Falter besitzt ausreichend Reserven, um seine einzige Lebensaufgabe zu erfüllen: sich fortzupflanzen. Sobald die Pappelschwärmer sich gepaart und die Weibchen Eier abgelegt haben, sterben sie.

**Pappelschwärmer bei der Paarung**

Wie bereits sein Name verrät, nutzt der Pappelschwärmer verschiedene Pappelarten als Nahrungspflanzen für seine Raupen. Diese mögen auch die Blätter von Weiden. Der Falter hält sich gern in Feuchtgebieten, an Waldrändern, in Parks und großen Gärten auf.

**Die Spannweite der ausgebreiteten Flügel beträgt 6,5 bis 9 cm.**

**Der Pappelschwärmer fliegt von Mitte April bis Mitte August.**

| Jan | Feb | Mär | Apr | Mai | Jun | Jul | Aug | Sep | Okt | Nov |
|---|---|---|---|---|---|---|---|---|---|---|

# Die Roseneule

Die Roseneule wird den Eulenspinnern zugerechnet. Sie ist oberseits dunkelgrau gefärbt und besitzt auf jedem Vorderflügel fünf markante, ovale Flecke. Diese sind weiß oder rosa gefärbt wie Rosenblätter und innen manchmal bräunlich.

**Wichtig zu wissen!**

Die Roseneule gehört zu jenen Nachtfaltern, die in der Dunkelheit um künstliche Lichtquellen wie Straßenlaternen herumflattern. Man vermutet, dass die Tiere sich am Mond orientieren und von den hellen Laternen abgelenkt werden. Oder der UV-Anteil der Lichtquellen lockt die Insekten an und blendet sie gleichzeitig. So werden sie orientierungslos.

**Die Raupen der Roseneule fressen die Blätter von Brombeeren und Himbeeren.**

Die Falter findest du in Laub-, Misch- und Nadelwäldern mit größeren Beständen ihrer Futterpflanzen. Auch in Gebüschen an Feuchtwiesen, an Wald- und Wegrändern, an Böschungen oder in Gärten begegnest du der Roseneule.

**Die Spannweite der ausgebreiteten Flügel beträgt 3,2 bis 3,8 cm.**

**Die Roseneule fliegt von Mitte April bis Mitte September.**

Feb | Mär | Apr | Mai | Jun | Jul | Aug | Sep | Okt | Nov | Dez

# Der Weidenbohrer

Der Weidenbohrer gehört zur Familie der Holzbohrer. Diese Gruppe von Schmetterlingen legt ihre Eier in Rindenspalten von Laubbäumen ab. Die Raupen ernähren sich von Rinde und Holz des Baumes. Die großen und massiven Weidenbohrer besitzen verkümmerte Saugrüssel und nehmen keine Nahrung auf.

## Wichtig zu wissen!

Die bis zu zehn Zentimeter lange Raupe des Weidenbohrers ist oben glänzend rot gefärbt. Sie riecht so stark nach Essig, dass dieser Geruch auch in der Nähe befallener Bäume wahrnehmbar ist. Sie frisst zunächst in der Rinde von Laubbäumen, später auch in deren Holz. Stark befallene Bäume können absterben.

Die Raupen des Weidenbohrers fressen das Holz von Weiden, Birken, Erlen sowie von Birnen- und Apfelbäumen. Die nachtaktiven Falter sitzen am Tag gut getarnt an den Stämmen von Laubbäumen in Gärten, in Auwäldern, in Grünanlagen, an Gewässerufern und auf Feuchtwiesen.

**Die Spannweite der ausgebreiteten Flügel beträgt 6,5 bis 8 cm.**

**Der Weidenbohrer fliegt von Mitte Mai bis Mitte August.**

Jan | Feb | Mär | Apr | Mai | Jun | Jul | Aug | Sep | Okt | Nov

# Der Birkenspinner

Der erwachsene Falter des Birkenspinners lebt nur kurz, um sich fortzupflanzen. Sein Saugrüssel ist verkümmert, weshalb er keine Nahrung zu sich nehmen kann. Seine gesamte Energie verdankt er der fleißigen Fresstätigkeit seiner Raupe. Weibliche Birkenspinner sind nachtaktiv und größer als die tagaktiven Männchen.

Weibchen

## Schau genau!

Wissenschaftler bezeichnen die Fühler männlicher Birkenspinner als gefiedert oder auch gekämmt. Sie ähneln tatsächlich einem Kamm mit vielen Zinken. Die gekämmten Fühler sind so etwas wie die „Nase" der Männchen. Mit ihrer Hilfe suchen und finden sie fortpflanzungsbereite Weibchen, die lockende Duftstoffe aus ihrem Hinterende abgeben.

Der Birkenspinner hält sich oft in lockeren Birkenwäldern auf. Dabei bevorzugt er Standorte mit Jungbirken. Auch in Laubwäldern mit einzelnen Birkengruppen kannst du den Birkenspinner mit etwas Glück finden. Seine Raupen fressen die Blätter von Birken und einigen anderen Laubbäumen.

**Die Spannweite der ausgebreiteten Flügel beträgt 5 bis 6 cm.**

**Der Birkenspinner fliegt von Anfang April bis Ende Juli.**

Feb | Mär | Apr | Mai | Jun | Jul | Aug | Sep | Okt | Nov | Dez

# Der Braune Waldvogel

Die Falter des tagaktiven Braunen Waldvogels (Schornsteinfeger) siehst du meist mit geschlossenen Flügeln auf Blättern oder Blüten sitzen. So kannst du gut die je fünf Augenflecke auf den hellbraunen Unterseiten der Hinterflügel erkennen. Die Flügeloberseiten sind dunkelbraun mit je zwei recht kleinen Augenflecken.

## Wichtig zu wissen!

Viele Schmetterlinge kannst du über einen langen Zeitraum im Jahr beobachten. Diese meist tagaktiven Falter leben jedoch nur wenige Wochen. Bei ihnen entwickeln sich aber zwei bis vier Generationen pro Jahr von der Raupe bis zum Falter. Der Braune Waldvogel bildet nur eine Generation pro Jahr. Deshalb siehst du ihn nur im Sommer umherfliegen.

Den Braunen Waldvogel findest du in lockeren Wäldern, an Waldrändern sowie in halbschattigem, offenem Gelände. Die Eier lässt das Weibchen in der Nähe von Futterpflanzen auf den Boden fallen. Die Raupen fressen an Süßgräsern.

**Die Spannweite der ausgebreiteten Flügel beträgt 3,5 bis 4,2 cm.**

**Der Braune Waldvogel fliegt von Mitte Juni bis Ende August.**

Jan | Feb | Mär | Apr | Mai | Jun | Jul | Aug | Sep | Okt | Nov

# Die Dörrobstmotte

Die Dörrobstmotte ist ein Kleinschmetterling aus der Familie der Zünsler. Viele ähnliche Kleinschmetterlinge aus unterschiedlichen Familien nennt man landläufig „Motten". Unter ihnen gibt es einige Arten, die als Kulturfolger bezeichnet werden könnten. Meist werden sie aufgrund ihrer Lebensweise von uns Schädlinge genannt.

Wenn es ungünstig läuft, findest du die Dörrobstmotte bei dir zu Hause in der Vorratskammer, hinter Möbeln oder in anderen Verstecken. Ihre Raupen fressen getrocknete Früchte, Getreideprodukte, Nüsse, getrocknete Hülsenfrüchte, Schokolade, Kakao, Kaffee, Nudeln, Tee und Gewürze.

## Finger weg!

Dörrobstmotten sind mit Kleider-, Speicher-, Mehl-, Getreide- oder Reismotten verwandt. Diese Kleinschmetterlinge werden als Schädlinge bezeichnet, weil ihre Raupen sich von Vorräten, Kleidung, Tapeten, Möbeln, Fellen und anderen nützlichen Dingen ernähren und sie dadurch zerstören. Befallene Lebensmittel werden durch Kot und Gespinste der Raupen ungenießbar.

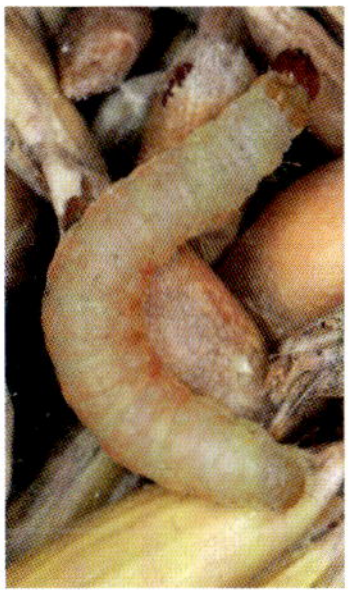

Die Spannweite der ausgebreiteten Flügel beträgt 1,5 bis 2 cm.

Die Dörrobstmotte fliegt das ganze Jahr hindurch.

| Jan | Feb | Mär | Apr | Mai | Jun | Jul | Aug | Sep | Okt | Nov | Dez |
|---|---|---|---|---|---|---|---|---|---|---|---|

# Der Eichenspinner

Es ist ein Rätsel, wie der Eichenspinner seinen Namen erhielt. Zwar weist ihn seine Gestalt als Verwandten der Spinner aus. Mit Eichen haben jedoch weder der Falter noch die Eichenspinner-Raupe etwas zu tun. Vielleicht fand einst ein Wissenschaftler einen bis dahin namenlosen Spinner zufällig an einem Eichenstamm.

**Männchen**

Die Raupe des Eichenspinners frisst die Blätter von Schlehe, Brombeere, Blaubeere, Besenheide, Rauschbeere und vom Ginster. Der erwachsene Falter mag Moorgebiete, Dünen, Heiden und lichte Wälder. Im Hochgebirge findest du den Eichenspinner besonders an der Baumgrenze.

## Schau genau!

Männchen und Weibchen des Eichenspinners haben einen weißen Fleck auf jedem Vorderflügel. Die nachtaktiven Weibchen sind größer und heller gefärbt als die Männchen. Diese erkennst du an der ockergelben Querbinde auf den Flügeln.

**Die Spannweite der ausgebreiteten Flügel beträgt 4,8 bis 7,5 cm.**

**Der Eichenspinner fliegt von Mitte Juni bis Mitte August.**

Jan | Feb | Mär | Apr | Mai | Jun | Jul | Aug | Sep | Okt | Nov

# Der Helle Sichelflügler

Die hellbraunen Vorderflügel dieses nachtaktiven Schmetterlings sind an den Enden leicht nach hinten gebogen. Das erinnert an eine Sichel, daher erhielten die Falter ihren Namen. Die Grundfarbe der Flügeloberseiten zieren dunkle Zickzacklinien. Auf den Vorderflügeln findet sich je ein dunkler Augenfleck.

## Wichtig zu wissen!

Die Unterfamilie der Sichelflügler bildet mit den nahe verwandten Eulenspinnern eine Familie. Beide verbindet ein besonderes Merkmal: Ihr Tympanalorgan befindet sich im Inneren des Hinterleibs. Dieses Organ ist das Ohr in der Insektenwelt. Es besteht vor allem aus Trommelfell und Nervenbahnen, die mit dem Gehirn des Insekts verbunden sind. Bei anderen Schmetterlingen liegt das Organ meist an den Vorderbeinen oder im Brustbereich.

Die Raupen des Hellen Sichelflüglers ruhen tagsüber in kleinen, selbst gebauten Tüten aus Birken- oder Erlenblättern. Nachts fressen sie von ihrem Ruheblatt, bis sie ein neues brauchen. Die Falter halten sich in lichten Auwäldern, Bruchwäldern und Gehölzen am Rand von Mooren auf, aber auch in Parks und Gärten.

**Die Spannweite der ausgebreiteten Flügel beträgt 2,7 bis 3,5 cm.**

**Der Helle Sichelflügler fliegt von Mitte April bis Ende August.**

Feb | Mär | Apr | Mai | Jun | Jul | Aug | Sep | Okt | Nov | Dez

Puppe

# Der Kleine Eisvogel

Die Flügeloberseiten des Kleinen Eisvogels sind dunkelbraun gefärbt. Darauf verläuft eine Binde aus weißen Flecken. Unterseits ist die Grundfarbe ein Orangerot mit großen weißen und kleinen dunklen Flecken. Die Puppe des Kleinen Eisvogels ist leuchtend grün und hat am Kopfende zwei „Öhrchen".

Raupe

## Wichtig zu wissen!

Der Kleine Eisvogel ist der Allesfresser unter den Tagfaltern. Er besucht nicht nur die Blüten von Disteln und Brombeeren, um Nektar zu saugen. Du findest ihn auch an Gruppen von Blattläusen, wo er deren süßen Verdauungssaft trinkt. Außerdem sitzt er gern auf feuchten Waldwegen, auf Tierkot und an Urinpfützen. Dort nimmt er mithilfe seines Saugrüssels lebenswichtige Mineralien auf.

Die Lieblingsorte des Kleinen Eisvogels sind Waldwege in schattigen und feuchten Wäldern wie etwa Auwäldern und Gehölzen am Rand von Mooren und Gewässern. Du findest ihn auch in den schattigen Waldgebieten einiger Mittelgebirge und der Alpen.

**Die Spannweite der ausgebreiteten Flügel beträgt 4,5 bis 5,2 cm.**

**Der Kleine Eisvogel fliegt von Mitte Juni bis Mitte August.**

Jan | Feb | Mär | Apr | Mai | Jun | Jul | Aug | Sep | Okt | Nov

# Der Rundaugen-Mohrenfalter

Der Rundaugen-Mohrenfalter (Früher Mohrenfalter) ist ein typisch gefärbter Mohrenfalter. Die Grundfarbe seiner Flügeloberseiten ist Dunkelbraun. Nahe dem Flügelrand finden sich je Flügel drei bis fünf schwarze Augenflecke mit weißem Kern. Die Flecke sind einzeln oder zu zweit von einem orangefarbenen Feld umgeben.

## Schau genau!

Manche Schmetterlingsarten wie zum Beispiel das Tagpfauenauge sind so einmalig gefärbt, dass du sie nicht verwechseln kannst. Bei den Mohrenfaltern ist das anders. Von den 85 Arten sehen sich mindestens 50 zum Verwechseln ähnlich. Da ist ein unverwechselbares Artmerkmal hilfreich. Beim Rundaugen-Mohrenfalter ist das sein frühes Erscheinen. Kein anderer Mohrenfalter fliegt so früh im Jahr wie er.

Den Rundaugen-Mohrenfalter findest du auf verbuschenden Trockenrasen, auf Streuobst- und Bergwiesen und im sonnigen Randbereich von Mooren und lichten Wäldern. Die meist sandfarbenen Raupen des Rundaugen-Mohrenfalters fressen an Süßgräsern wie dem Schafschwingel und der Aufrechten Trespe.

**Die Spannweite der ausgebreiteten Flügel beträgt 3,2 bis 4 cm.**

**Der Rundaugen-Mohrenfalter fliegt von Anfang Mai bis Ende Juli.**

| Feb | Mär | Apr | Mai | Jun | Jul | Aug | Sep | Okt | Nov | Dez |
|---|---|---|---|---|---|---|---|---|---|---|

# Der Pflaumenzipfelfalter

Der überwiegend dunkelbraune Falter mit den bläulich gefärbten Zipfeln an den Enden der Hinterflügel gehört zur Familie der Bläulinge. Aufgrund seiner Vorliebe für Schlehengebüsche und Feldhecken ist der kleine Tagfalter selten geworden – genau wie sein bevorzugter Lebensraum.

## Wichtig zu wissen!

Die Raupen des Pflaumenzipfelfalters, wie auch die einiger anderer Schmetterlinge, fressen nicht nur die Blätter ihrer Futterpflanzen. Vielmehr ernähren sie sich zunächst von den Blüten- und Blattknospen sowie den geöffneten Blüten von Schlehenbüschen und anderen Pflaumengehölzen. Diese Pflanzenteile liefern ihnen weit mehr Energie als die grünen Blätter. Letztere werden gefressen, wenn es keine Blüten oder Knospen mehr gibt.

Den erwachsenen Pflaumenzipfelfalter findest du an sonnigen Feldhecken, Schlehengebüschen und Waldrändern. Auch in Gärten und Parks mit Pflaumengehölzen kommt der Pflaumenzipfelfalter vor. Außer Schlehen fressen seine Raupen auch an Zwetschgen- und Pflaumenbäumen.

**Vor den Blättern werden zuerst Blüten und Knospen gefressen.**

**Die Spannweite der ausgebreiteten Flügel beträgt 2,5 bis 2,8 cm.**

**Der Pflaumenzipfelfalter fliegt von Anfang Juni bis Ende Juli.**

Jan | Feb | Mär | Apr | Mai | Jun | Jul | Aug | Sep | Okt | Nov

# Der Rosenspanner

Der kleine und sehr zart wirkende Rosenspanner (Gelber Rosen-Bindenspanner) ist überwiegend ocker oder gelblich gefärbt. Auf seinen Vorderflügeln findet sich eine deutlich gezackte, rostbraune bis grauviolette Binde. Die Raupe des Rosenspanners ist grün, schlank und sieht einem frischen Rosenzweig zum Verwechseln ähnlich.

## Erstaunlich!

Der Rosenspanner ist in Europa weitverbreitet und relativ häufig. Er lebt in Spanien und Frankreich, auf den Britischen Inseln, in Skandinavien, in Mitteleuropa und in den Balkanländern. Aber auch in Nordindien ist er zum Beispiel zu finden.

Die Rosenspanner-Raupen fressen an den Blättern und Blüten von Wildrosen, aber auch von veredelten Gartenrosen. Deshalb findest du den dämmerungs- und nachtaktiven Falter und seine Raupen an Feldhecken und Waldrändern, auf Ödland und an Gebüschen. Auch in Parks und Gärten mit Rosen darin ist der Rosenspanner nicht selten.

**Die Spannweite der ausgebreiteten Flügel beträgt 2 bis 2,5 cm.**

**Der Rosenspanner fliegt von Anfang Juni bis Anfang August.**

| Feb | Mär | Apr | Mai | Jun | Jul | Aug | Sep | Okt | Nov | Dez |
|---|---|---|---|---|---|---|---|---|---|---|

# Der Trauermantel

Der große Tagfalter ist unverwechselbar gefärbt. Die Oberseite seiner Flügel wirkt wie dunkelbraun-violetter Samt. Zu den Flügelrändern hin schließt sich eine Reihe leuchtend hellblauer Punkte an. Die leicht gezackten Flügelränder bilden einen cremefarbenen oder hellgelben Saum.

## Erstaunlich!

Viele Schmetterlinge und andere Tierarten erhielten ihren Namen aufgrund von Ähnlichkeiten mit Dingen aus dem Leben der Menschen. Die Flügelfarben des großen Edelfalters erinnerten die Menschen im 15. Jahrhundert an die damals üblichen Mäntel trauernder Witwen. Auch diese waren dunkelbraun oder schwarz gefärbt und besaßen weiße Säume.

In lichten Birkenwäldern, an sonnigen Laubwaldrändern oder in feuchten Auwäldern begegnest du dem selten gewordenen Trauermantel am ehesten. Dort sitzt er auf modernden Bäumen und trinkt gärende Pflanzensäfte. Seine Raupen mögen die Blätter von Birken und Weiden.

**Die Spannweite der ausgebreiteten Flügel beträgt 5,5 bis 7,5 cm.**

**Der Trauermantel fliegt außer im Juli das ganze Jahr hindurch.**

Jan | Feb | Mär | Apr | Mai | Jun | Jul | Aug | Sep | Okt | Nov

# Das Waldbrettspiel

Das Waldbrettspiel kommt in Europa in zwei Unterarten vor: die nördliche Unterart mit blassgelben Flecken und Tiere in der Südschweiz mit leuchtend gelboranger Fleckenzeichnung auf den dunkelbraunen Flügeloberseiten. Treten beide Unterarten gemeinsam auf, vermischen sie sich zu einer Übergangsform.

## Schau genau!

Ziellos umherfliegende Männchen des Waldbrettspiels werden manchmal von anderen Männchen angegriffen. Dieser Tagfalter zeigt nämlich ein ausgeprägtes Revierverhalten. Die Revierbesitzer beobachten von einem erhöhten Sitzplatz aus ihre Umgebung und verteidigen diese durch gezieltes Anfliegen der männlichen Artgenossen. Weibchen sind dagegen willkommen.

Falter aus der Südschweiz

Eine nördliche Unterart

Das Waldbrettspiel ist in lockeren Wäldern, in Obstgärten und an Waldrändern recht häufig. Die Raupen fressen vor allem an verschiedenen Süßgräsern wie der Aufrechten Trespe und dem Pfeifengras. Seltener findest du sie an Sauergräsern wie der Waldsegge.

**Die Spannweite der ausgebreiteten Flügel beträgt 3,2 bis 4,2 cm.**

**Das Waldbrettspiel fliegt von Anfang April bis Ende September.**

Feb | Mär | Apr | Mai | Jun | Jul | Aug | Sep | Okt | Nov | Dez

# Die Zimteule

Die nachtaktiven Falter der Zimteule (Zackeneule) sind leicht an den stark gezackten Rändern ihrer Hinterflügel zu erkennen. Die Grundfarbe der Flügeloberseiten ist Zimtbraun. Darauf verlaufen hellere Linien, die wie die Adern welker Blätter wirken. Im vorderen Bereich der Flügel befinden sich rotorange Zeichnungen.

Die Falter der Zimteule ruhen am Tag unbeweglich meist auf Blättern oder Stämmen der Nahrungspflanzen ihrer Raupen. Das sind vor allem Korb- und Salweiden sowie Zitterpappeln und verwandte Baumarten. Diese finden sie in feuchten Laubwäldern, in Kiesgruben, an Gewässerrändern oder in großen Gärten.

## Erstaunlich!

Die Zimteule überwintert wie nur wenige andere Schmetterlingsarten in Mitteleuropa als erwachsener Falter. Um die kalte Jahreszeit zu überleben, benötigt die Zimteule eine relativ hohe Luftfeuchtigkeit in ihrer Umgebung. Diese findet sie unter anderem in natürlichen Höhlen. Hier versammeln sich mitunter einige Zimteulen zur Überwinterung und verbringen den Winter gemeinsam und nahe beieinander.

**Die Spannweite der ausgebreiteten Flügel beträgt 4 bis 4,5 cm.**

**Die Zimteule fliegt bei passender Witterung das ganze Jahr hindurch.**

Jan | Feb | Mär | Apr | Mai | Jun | Jul | Aug | Sep | Okt | Nov

# Das Abendpfauenauge

Der große Nachtfalter aus der Familie der Schwärmer ist nicht leicht zu entdecken. Die Zeichnung seiner Vorderflügel in unterschiedlichen Brauntönen ähnelt stark der Baumrinde, auf der er sich am Tag aufhält. Die Namen gebenden, bunten Augenflecke befinden sich auf den in Ruhestellung versteckten Hinterflügeln.

Das Abendpfauenauge hält sich meist bei den Futterpflanzen seiner Raupen auf. Diese fressen die Blätter von Weidenarten und manchen Obstbäumen. Die Falter findest du in Gärten, Parks, feuchten Wäldern und an den Stämmen von Weidenbäumen am Rand von Gewässern.

## Mach mit!

Wenn das nachtaktive Abendpfauenauge tagsüber am Stamm eines Baumes ruht, kannst du etwas Erstaunliches auslösen: Klopfe mit deinem Finger an die Baumrinde nahe dem Falter. Dieser hält dich für einen Fressfeind und entblößt seine mit großen Augenflecken versehenen Hinterflügel. Gleichzeitig schaukelt er vor und zurück. Dieses Verhalten soll Räuber abschrecken.

**Die Spannweite der ausgebreiteten Flügel beträgt 7 bis 8 cm.**

**Das Abendpfauenauge fliegt von Anfang Mai bis Ende Juli.**

Feb | Mär | Apr | Mai | Jun | Jul | Aug | Sep | Okt | Nov | Dez

# Der Braune Bär

Um einen Braunen Bären durch die Luft flattern zu sehen, musst du lange aufbleiben. Der Falter aus der Familie der Bärenspinner wird selten vor Mitternacht aktiv. Am Tag ruht er dank seiner braun-weißen Vorderflügel gut getarnt auf Baumstämmen. Wird er gestört, zeigt er seine leuchtend roten Hinterflügel.

## Wichtig zu wissen!

Der Braune Bär gilt als Kulturflüchter, der unter der intensiven Nutzung ehemals naturnaher Lebensräume durch den Menschen besonders leidet. Aus diesem Grund schrumpfen die Bestände des Braunen Bären in Mitteleuropa beständig. Er ist einer derjenigen Schmetterlingsarten, die in Deutschland durch das Bundesnaturschutzgesetz besonders geschützt sind. Man darf ihn weder fangen, noch darf man seine Lebensräume zerstören.

Du findest den Braunen Bären an Baumstämmen in feuchten, lichten Laubwäldern, am Rand von Mooren oder im Halbschatten auf verbuschenden Magerrasen. Seine Raupen fressen an einer Vielzahl von Pflanzen, zum Beispiel an Sauerampfer, Mädesüß, Hartriegel, Weiden, Eichen, Brennnessel, Himbeere, Brombeere und Schneeball.

**Die Spannweite der ausgebreiteten Flügel beträgt 4,5 bis 6,5 cm.**

**Der Braune Bär fliegt von Mitte Juni bis Mitte September.**

Jan | Feb | Mär | Apr | Mai | Jun | Jul | Aug | Sep | Okt | Nov

# Der Große Eisvogel

Der Große Eisvogel ist einer unserer größten Tagfalter. Die Geschlechter sehen bis auf die dunkelbraune Grundfärbung etwas unterschiedlich aus. Die größeren Weibchen besitzen eine auffällige weiße Binde auf allen vier Flügeln. Am Rand der Flügeloberseiten zeigen beide Geschlechter blaue und orange Muster.

## Wichtig zu wissen!

Der Große Eisvogel überwintert im Raupenstadium. Die Raupe baut sich ein sogenanntes Hibernarium, in dem sie die kalte Jahreszeit übersteht. Dazu knabbert sie ein ausreichend großes Blattstück zurecht und rollt sich darin ein. Ihr kleines Zuhause befestigt die Raupe mithilfe von Spinnfäden in Längsrichtung an einem Zweig.

Die Raupen des Großen Eisvogels fressen hauptsächlich die Blätter der Zitterpappel. Die Falter findest du in lichten, warmen Laubwäldern mit Pappeln darin. Sie halten sich meist in den Baumkronen auf. Nur beim Trinken sind sie auf feuchten Waldwegen zu sehen.

**Die Spannweite der ausgebreiteten Flügel beträgt 6,5 bis 8 cm.**

**Der Große Eisvogel fliegt von Anfang Juni bis Anfang August.**

Feb | Mär | Apr | Mai | **Jun** | **Jul** | Aug | Sep | Okt | Nov | Dez

# Die Hausmutter

Die zu den Eulenfaltern zählende Hausmutter zeigt eine sehr variable Flügelzeichnung. Während die in Ruhestellung verdeckten Hinterflügel oberseits gelb oder gelborange mit dunkler Binde gefärbt sind, können die Vorderflügel dunkelbraun, rotbraun, gelbbraun, graubraun oder beinahe schwarz sein. Darauf finden sich unterschiedlichste Muster und Zeichnungen.

**Wichtig zu wissen!**

Vor 200 oder 300 Jahren vergaben die Menschen Tiernamen aufgrund von offensichtlichen Merkmalen wie Färbung oder Verhalten. Da die Hausmutter tagsüber zum Ausruhen oft Behausungen aufsucht, erhielt sie ihren ungewöhnlichen deutschen Namen.

**Jüngere Raupen sind grünlich, ältere eher bräunlich.**

Die Raupen der Hausmutter fressen an vielen unterschiedlichen Pflanzen wie etwa Süßgräsern, Beerensträuchern, Kohlarten, Ginster, Löwenzahn, Klee, Platterbsen, Ampfer und Labkraut. Die nachtaktiven Falter sind in Wäldern, offenem Gelände und Gärten fast überall häufig anzutreffen.

**Die Spannweite der ausgebreiteten Flügel beträgt 4,5 bis 5,5 cm.**

**Die Hausmutter fliegt von Anfang Juni bis Mitte Oktober.**

Jan | Feb | Mär | Apr | Mai | Jun | Jul | Aug | Sep | Okt | Nov

# Der Hummelschwärmer

Der Hummelschwärmer ist leicht mit einer echten Hummel zu verwechseln. Er ahmt sie nach, um gefährlich auszusehen und nicht gefressen zu werden. Anders als Hummeln setzt er sich aber zum Trinken nicht auf Blüten, sondern trinkt im Schwirrflug.

## Erstaunlich!

Sicher weißt du, dass man Schmetterlinge nicht an ihren Flügeln berührt. Sie verlieren dann die Schuppen darauf und können nicht mehr fliegen. Das gilt für alle Schmetterlinge mit Beschuppung. Siehst du dir den Hummelschwärmer genau an, wirst du feststellen, dass sich auf seinen Flügeln keine Schuppen befinden. Sie sind durchsichtig und dennoch kann der Schwärmer sehr gut fliegen. Trotzdem solltest du die empfindlichen Flügel nicht anfassen.

Die Raupe des Hummelschwärmers frisst die Blätter der Roten und anderer Arten der Heckenkirsche, der Schneebeere und des Geißblatts. Den tagaktiven Falter findest du an sonnigen Waldrändern, in Parkanlagen und großen Gärten sowie in lichten Wäldern und an Wegrändern.

**Die Spannweite der ausgebreiteten Flügel beträgt 4 bis 4,7 cm.**

**Der Hummelschwärmer fliegt von Anfang Mai bis Mitte August.**

Feb | Mär | Apr | Mai | Jun | Jul | Aug | Sep | Okt | Nov | Dez

# Das Kleine Nachtpfauenauge

Die Falter des Kleinen Nachtpfauenauges leben nur wenige Tage. Sie haben verkümmerte Saugrüssel und nehmen keine Nahrung zu sich. Die Weibchen sind nachtaktiv, geben betörende Duftstoffe ab und warten auf gut erreichbaren Plätzen auf die auch am Tag aktiven Männchen, um sich mit ihnen zu paaren.

## Schau genau!

Die Raupen des Kleinen Nachtpfauenauges sehen je nach Alter sehr unterschiedlich aus. Die jungen Raupen sind schwarz und stachelig. Nach der ersten Häutung erscheinen orange Flecke zwischen den schwarzen Bereichen. Mit jeder Häutung werden sie heller und grünlicher. Kurz vor der Verpuppung sehen die inzwischen sechs Zentimeter langen Raupen ihren jungen Geschwistern kaum noch ähnlich. Sie sind hellgrün mit kleinen schwarzen Flecken und winzigen Haaren.

Die Raupen des Kleinen Nachtpfauenauges findest du an vielen Sträuchern und krautigen Pflanzen wie unter anderem Schlehe, Besenheide, Heidelbeere, Echtes Mädesüß und Wiesensalbei. Die Falter leben in lockeren Wäldern, Strauchgebüschen oder auf Heiden.

**Die Spannweite der ausgebreiteten Flügel beträgt 6 bis 8,5 cm.**

**Das Kleine Nachtpfauenauge fliegt von Mitte März bis Mitte Mai.**

Jan | Feb | Mär | Apr | Mai | Jun | Jul | Aug | Sep | Okt | Nov

# Der Lindenschwärmer

Innerhalb der Schwärmerfamilie hat der Lindenschwärmer wohl die schmalsten Vorderflügel. Deren Grundfarbe ist sehr variabel, meist bräunlich, grünlich oder rosa. Darauf befindet sich eine sehr dunkle Querbinde, die auch aus Flecken bestehen kann.
Der Saugrüssel des erwachsenen Falters ist verkümmert, er kann nicht trinken.

**Wichtig zu wissen!**

Die Raupe des nachtaktiven Lindenschwärmers ist ebenfalls nachtaktiv. Die Art gehört zur Familie der Schwärmer, die den Nachtfaltern zugerechnet werden. Bei dieser Art passt alles zusammen.

Die leuchtend grüne Raupe des Lindenschwärmers mit ihren gelben Streifen und dem Hörnchen am Ende findest du an den Blättern von Linden oder anderen Laubbäumen wie Birke, Erle, Eberesche oder Bergulme. In der Nähe der Futterpflanzen ihrer Raupen halten sich auch die Falter auf: in Alleen, Parks und lichten Laubwäldern.

**Die Spannweite der ausgebreiteten Flügel beträgt 5,5 bis 7,5 cm.**

**Der Lindenschwärmer fliegt von Mitte April bis Anfang August.**

Feb | Mär | Apr | Mai | Jun | Jul | Aug | Sep | Okt | Nov | Dez

# Der Mittlere Weinschwärmer

Die Flügeloberseiten des Mittleren Weinschwärmers zeigen eine für Schmetterlinge ungewöhnliche Farbkombination: olivgrün mit pinken Rändern, Mustern und Bändern. Begegnest du dem erst in der Dunkelheit aktiven Falter, wirst du ihn also sehr wahrscheinlich nicht mit anderen Schmetterlingsarten verwechseln.

Die nachtaktiven Falter des Mittleren Weinschwärmers schwirren in Parks oder Gärten, in Auwäldern, an Gewässerufern, Gräben, Böschungen oder Waldrändern über Blüten und trinken deren Nektar. Ihre ebenfalls nachtaktiven Raupen mögen Fuchsien, Indisches Springkraut, Weidenröschen, Blutweiderich und Nachtkerzen.

## Schau genau!

Einige Schmetterlinge haben Augenflecke auf oder unter ihren Flügeln, um Fressfeinde abzuschrecken oder zu verwirren und schnell zu entkommen. Der Falter des Mittleren Weinschwärmers besitzt keine. Dafür hat die Raupe vier Augenflecke in der Nähe ihres Vorderendes. Bei Gefahr richtet sie ihr Vorderende auf und vergrößert es gleichzeitig.

**Die Spannweite der ausgebreiteten Flügel beträgt 4,5 bis 6 cm.**

**Der Mittlere Weinschwärmer fliegt von Mitte Mai bis Mitte August.**

Jan | Feb | Mär | Apr | Mai | Jun | Jul | Aug | Sep | Okt | Nov

# Das Tagpfauenauge

Mit zusammengeklappten Flügeln ist das Tagpfauenauge unscheinbar dunkelbraun und leicht zu übersehen. Öffnet der große Falter jedoch seine Flügel, zeigt er seine ganze Farbenpracht. Seinen Namen verdankt das Tagpfauenauge den vier großen, bunten Augenflecken auf den Flügeloberseiten.

**Wichtig zu wissen!**

Während unsere moderne Landwirtschaft für viele Falter ein Problem darstellt, kommt sie dem Tagpfauenauge teilweise zugute. Durch die intensive Düngung verschwinden viele Pflanzenarten. Die Große Brennnessel allerdings wächst richtig gut. Sie ist die Futterpflanze der Tagpfauenaugen-Raupen.

Das Tagpfauenauge ist auf Wiesen, in Wäldern und an Hecken häufig zu finden. Auch in Gärten triffst du den Tagfalter besonders an Sonnentagen auf Blüten und reifem Obst an. Dort trinkt er Nektar und süße Säfte. Den Winter verbringt er auf Dachböden, in Garagen oder Scheunen.

**Die Spannweite der ausgebreiteten Flügel beträgt 5 bis 5,5 cm.**

**Das Tagpfauenauge fliegt bei passender Witterung das ganze Jahr hindurch.**

Feb | Mär | Apr | Mai | Jun | Jul | Aug | Sep | Okt | Nov | Dez

# Das Taubenschwänzchen

Der Schmetterling aus der Familie der Schwärmer ist ein typischer Wanderfalter. Jedes Jahr wandern Tausende Taubenschwänzchen aus Südeuropa in den Norden, um sich dort fortzupflanzen. Viele Tiere fliegen im Herbst zurück, manche versuchen zu überwintern. Wegen des Klimawandels gelingt ihnen das immer öfter.

## Schau genau!

Aufgrund seiner spektakulären Art der Nahrungsaufnahme wird das erwachsene Taubenschwänzchen oft mit einem Kolibri verwechselt: Der Schmetterling trinkt Nektar, während er im Schwirrflug vor einer Blüte in der Luft schwebt. Schaust du ganz genau hin, erkennst du, wie er seinen langen, in Ruhestellung eingerollten Saugrüssel ausrollt und tief in die Blüte steckt.

**Labkraut schmeckt der Raupe besonders gut.**

Das Taubenschwänzchen mag trockene und sonnige Standorte wie Trockenrasen, Steinbrüche, Weinberge und Waldränder. Um seinen hohen Energiebedarf zu decken, benötigt es viele nektarreiche Blüten. Seine Raupe frisst an verschiedenen Labkrautarten.

**Die Spannweite der ausgebreiteten Flügel beträgt 3,6 bis 5 cm.**

**Das Taubenschwänzchen fliegt bei passender Witterung das ganze Jahr hindurch.**

Jan | Feb | Mär | Apr | Mai | Jun | Jul | Aug | Sep | Okt | Nov

# Der Wolfsmilchschwärmer

Der nachtaktive und wärmeliebende Schwärmer sitzt am Tag ruhend auf Steinen, Mauern, niedrigen Pflanzen oder am Boden. Wird er gestört, schnellen seine rot und schwarz gefärbten Hinterflügel unter den braun gemusterten Vorderflügeln hervor. Gleichzeitig krümmt er seinen Hinterleib zum Boden.

Die Raupe des Wolfsmilchschwärmers ernährt sich überwiegend von Wolfsmilchgewächsen, vorwiegend von der Zypressenwolfsmilch. Manchmal frisst sie auch an Knöterich, Weinreben oder Bingelkraut. Die Falter findest du an warmen und sonnigen Standorten wie Steinbrüchen, Trockenrasen, Binnendünen und an Böschungen.

## Finger weg!

Vor der auffällig bunt gefärbten Raupe des Wolfsmilchschwärmers sollte man sich in Acht nehmen. Sie ernährt sich von Wolfsmilchgewächsen, das sind sehr giftige Pflanzen. Besonders deren weißer Pflanzensaft ist giftig und führt bei Hautkontakt zu Verbrennungen. Die Raupen des Wolfsmilchschwärmers lagern das Gift nicht in ihrem Körper ein. Ihr Magen ist jedoch voll von dem Milchsaft.
Bei Gefahr spucken sie ihren Mageninhalt aus und sollten daher nicht berührt werden.

**Die Spannweite der ausgebreiteten Flügel beträgt 5,5 bis 7,5 cm.**

**Der Wolfsmilchschwärmer fliegt von Anfang Mai bis Anfang August.**

Feb | Mär | Apr | Mai | Jun | Jul | Aug | Sep | Okt | Nov | Dez

# Vom Ei zum erwachsenen Schmetterling

Schmetterlinge sind Insekten. Wie die Käfer, Fliegen, Bienen, Mücken, Grashüpfer, Wanzen, Libellen und viele weitere Verwandte haben sie sechs Beine. Das Leben jedes Schmetterlings beginnt in einem **Ei**. Dabei gleicht kein Ei dem anderen. Aus dem Ei schlüpft eine **Raupe**. Ihre einzige Aufgabe ist das Fressen. Die meisten Raupen fressen die Knospen, Blüten und grünen Blätter bestimmter Pflanzen. Immer wenn die Raupe zu dick für ihre Haut wird, streift sie diese ab und es bildet sich eine frische Haut: Die Raupe häutet sich.

Ist die Raupe ausreichend groß geworden, wandelt sie ihre Gestalt zu einer **Puppe** um. Die Puppe ist anders als die Raupe bewegungslos und frisst nicht mehr. Schmetterlingspuppen haben eine relativ feste Außenhülle und sehen weder der Raupe noch dem erwachsenen Schmetterling ähnlich. Manche Raupen spinnen sich zusätzlich in einen sogenannten Kokon ein oder befestigen die Puppe mit Spinnfäden an Gegenständen.

Innerhalb der Puppenhülle verwandelt sich die Raupe in den erwachsenen **Schmetterling**. Wissenschaftler nennen dies eine **vollständige Verwandlung**, die Insekten sind nach dem Schlüpfen aus der Puppenhülle ausgewachsen.

**Entwicklung eines Tagpfauenauges**

**Verpuppung**

**Puppe**

**Ei**

**Raupe**

# Verwandlung hautnah

Entdeckst du die schwarzen **Raupen des Tagpfauenauges** an einer Brennnesselpflanze, nimm einen dieser Zweige mit nach Hause. Dort stellst du den Zweig in ein Glas Wasser und das Ganze in eine große, durchsichtige Plastikkiste. Bedecke das Glas mit Watte, damit keine Raupe im Wasser ertrinkt. Pflücke deinen hungrigen Gästen täglich frische **Brennnesselzweige**. Nun kannst du beobachten, wie die Raupen fressen, wachsen, sich häuten und verpuppen. Etwa zwei bis drei Wochen später wird es richtig spannend – dann schlüpfen die erwachsenen Falter aus den Puppenhüllen. Diese solltest du möglichst dort in die Freiheit entlassen, wo du die Raupen gefunden hattest.

## Erstaunlich!

Bei den in Mitteleuropa heimischen Schmetterlingsarten ist das Raupenstadium meist die längste Lebensphase. Viele erwachsene Schmetterlinge leben nur wenige Wochen. Ihre einzige **Aufgabe** ist die **Fortpflanzung**: Weibchen und Männchen müssen sich finden, vielleicht ein wenig balzen, sich paaren und das Weibchen muss seine Eier ablegen.

**Schlüpfen des Falters**

**Falter**

## Schau genau!

Bei sehr vielen Schmetterlingsarten sind die Flügeloberseiten und -unterseiten sehr unterschiedlich gefärbt. Manchmal unterscheidet sich auch die Färbung der Flügeloberseiten von Vorderflügeln und Hinterflügeln. Die **Färbung** der Flügel hat einen Sinn. Mit auffällig gefärbten Flügeloberseiten balzen Männchen um die Gunst der Weibchen. Eine unscheinbare Flügelunterseite hilft, sich vor Fressfeinden zu verstecken.

## Frühling, Sommer, Herbst ...

Vom Frühling bis in den Herbst hinein kannst du **Schmetterlinge beobachten**. Tagpfauenaugen, Zitronenfalter und Kleine Füchse sind bereits bei den ersten warmen Sonnenstrahlen im Frühling unterwegs. Auf ihren Futterpflanzen kannst du die Raupen beim Fressen und Häuten beobachten und später die Puppen finden. Noch bis in den Herbst sind dann die unterschiedlichsten Falter unterwegs.

## ... und Winter

Während des Winters wirst du in der freien Natur keine Schmetterlinge finden. Vielleicht begegnet dir an einer **geschützten Stelle** des Dachbodens, der Garage oder der Scheune ein erstarrt wirkender, aber noch lebender Falter wie das Tagpfauenauge, der Zitronenfalter oder der Kleine Fuchs.

## Erstaunlich!

Die Oberseiten der Flügel sind mit winzigen Schuppen belegt. Manche **Schuppen** sind farblos und schillern erst dann bunt, wenn Sonnenlicht in einem bestimmten Winkel auf sie fällt. Die hohlen Schuppen dienen dem Auftrieb beim Fliegen. Ihre Farben nutzen Schmetterlinge zur Tarnung und für die Kommunikation untereinander. Manche Männchen besitzen Duftschuppen, um Weibchen anzulocken. Das Taubenschwänzchen nutzt besonders lange Schuppen am Hinterende im Schwirrflug zum Steuern.

Eine tolle Dekoration für den Kindergeburtstag

# Papier oder Pappmaschee

Schmetterlinge basteln macht viel Spaß. Sie aus buntem Papier zu falten oder auszuschneiden, ist die eine Möglichkeit. Hierfür findest du im Internet oder auch in Büchern gute Anleitungen. Die Papierfalter kannst du verschenken oder zum Dekorieren benutzen.

Willst du dir einen großen **Schmetterling basteln**, dann überlege dir zuerst, aus welchen Teilen ein Schmetterling besteht: Er hat vier oft bunt gefärbte Flügel, sechs lange, dünne Beine, einen spindelförmigen Körper und einen kleinen Kopf mit Facettenaugen, langen Fühlern und Saugrüssel. Blumendraht kannst du für Beine, Fühler und Rüssel verwenden. Den Körper könntest du aus Pappmaschee herstellen. Probiere es aus.

# Anlegen eines Schmetterlingsgartens

Ist dir schon aufgefallen, dass immer weniger Schmetterlinge und andere Insekten in unserer Natur umherfliegen und -krabbeln? Dafür gibt es viele Gründe. Unter anderem finden sie zu wenige Futterpflanzen. Wenn du den Schmetterlingen helfen möchtest, kannst du in eurem Garten oder Hinterhof einen **Blumengarten für Schmetterlinge** anlegen. Frage in der Schule nach, vielleicht findet sich auf dem Schulhof auf einer freien Fläche auch ein geeigneter Platz dazu.

## Wichtig zu wissen!

**Gefüllte Blüten** sind für Insekten **nutzlos**. Bei der Zucht werden die Staubgefäße der Blüten in farbige Blütenblätter umgewandelt. Solche Blüten sehen dann zwar eindrucksvoll aus, sie enthalten jedoch keinen Nektar und keinen Pollen.

## Mach mit!

Lasse in deinem Garten **Falllaub** und **Reisighaufen** liegen. Mit einer Art Frostschutz im Blut können Puppen oder Zitronenfalter hier Temperaturen von bis zu minus 20 °C überstehen. Tagpfauenauge und Kleiner Fuchs suchen als Falter für den Winter ein frostsicheres Versteck vielleicht im **Gartenschuppen**. Im Frühjahr brauchen sie eine Luke, um wieder nach draußen zu gelangen.

## Woher kommen die Pflanzen?

Am besten planst und bepflanzt du den Garten gemeinsam mit deinen Freunden, das macht noch mehr Spaß. Um die Pflanzen für deinen Garten zu **kaufen**, brauchst du natürlich etwas Geld. Eine günstige Alternative sind Gartenbesitzer und Schrebergartenvereine in deiner Umgebung. Wenn du denen von deinem Plan erzählst, schenken sie dir sicher gern überschüssige **Ableger** ihrer eigenen Pflanzen.

## Auswahl der Pflanzen

Wichtig bei der Auswahl der Pflanzen ist, dass du auf **Vielfalt** achtest. Nicht alle Schmetterlinge fliegen dieselben Blüten an. Bedenke auch, dass sich manche Blüten abends schließen – das ist natürlich ungünstig für Nachtfalter. Pflanze so, dass vom zeitigen Frühjahr bis zum späten Herbst immer etwas blüht, damit Schmetterlinge und andere Insekten über das ganze Jahr ausreichend mit Nektar versorgt sind.

**Für Taubenschwänzchen sind tiefe Blütenkelche wie bei der Phlox kein Problem, für kurzrüsselige Insekten schon.**

## Nahrung für die Schmetterlinge

**Geeignete Blumen und Pflanzen für den Garten**

| | |
|---|---|
| **Blumen** | Sommerflieder, Kratzdistel, Aster, Phlox, Roter Sonnenhut, Mädchenauge, Margerite und Schwarzäugige Susanne |
| **Gewürzpflanzen** | Salbei, Oregano, Basilikum, Thymian und Minze |
| **Blumensamen für die Rasenfläche** | spezielle Schmetterlingsmischung kaufen |
| **Pflanzen mit nachts geöffneten Blüten für Nachtfalter** | Wasserdost, Weißdorn, Baldrian, Nachtkerze, Seifenkraut, Lilien und Geißblatt |
| **Obst** | Holunder, Apfel, Birne, Zwetschge |
| **Pflanzen für die Raupen** | Disteln, Brennnesseln, Wilde Möhre |

# Typische Tagfalter-Standorte

Tagfalter halten sich in der Regel in der Nähe der **Futterpflanzen ihrer Raupen** auf. Viele Schmetterlinge besuchen hier **nektarreiche Blüten**, um aus ihnen zu trinken. Andere Arten trinken Pflanzensäfte, die auch gern vergoren sein dürfen, oder Honigtau. Letzterer ist ein sehr süßer Saft, den Blattläuse beim Trinken von Pflanzensäften an ihrem Hinterende ausscheiden. Manche Schmetterlinge trinken aus mineralhaltigen **Pfützen** oder saugen an herumliegendem **Tierkot** wie Pferdeäpfeln oder Kuhfladen.

Die **Lebensräume**, in denen du Schmetterlingen begegnest, können sehr unterschiedlich sein. Die Wahl des Lebensraumes hängt von den Ansprüchen ab, die eine Schmetterlingsart an ihre Umwelt stellt. Manche Arten bevorzugen eine warme, trockene und sonnige Umgebung, andere halten sich lieber im Schatten feuchter Wälder auf. Natürlich gibt es auch allerlei Übergangsformen.

**Trockenrasen mit Kalkfelsen auf der Schwäbischen Alb**

Flachmoor bei Ober-ammergau

# Schmetterlings-Lebensräume

- **Feuchtwiesen** liegen meist in Senken oder in Gewässernähe. Der Boden ist hier das ganze Jahr über feucht.
- **Auwälder** bestehen aus Pflanzengemeinschaften, die entlang von Flüssen und Bächen wachsen und mit regelmäßigen Überschwemmungen zurechtkommen.
- **Kiesgruben** sind räumlich begrenzte Gebiete mit sandigem Boden, der oft bis zum Grundwasser und darunter abgebaut wird.
- **Moore** sind stets nasse Gebiete. Nur wenige spezialisierte Pflanzen wie die Torfmoose können hier existieren.
- Als **Heide** wird eine Kulturlandschaft bezeichnet, auf der Schafe weiden und auf der meist Heidekräuter vorkommen.
- Als **Trockenrasen** wird eine steppenähnliche Vegetation bezeichnet, die sich auf nährstoffarmen, trockenen Böden bildet.
- **Steppen** sind größere, baumlose Gras- und Krautlandschaften mit halbtrockenem Boden und gemäßigtem Klima. Steppen sind in Europa selten.
- **Streuobstwiesen** werden durch hochstämmige Obstbäume gekennzeichnet. Das Gras darunter wurde früher gemäht und als Einstreu in Viehställen verwendet. Daher der Name.
- **Wald-** und **Wegränder** sind oft besonders artenreich, weil hier unterschiedliche Lebensräume aneinandergrenzen.
- **Gärten** und **Parks** kennst du sicher.
- **Wälder** sind größere, mit Bäumen bestandene Flächen. Sie können locker und licht sein, schattig oder halbschattig, trocken oder feucht.
- **Felder** und **Ackerflächen** sind landwirtschaftliche Nutzflächen.
- **Feldhecken** bilden eine artenreiche Grenze zwischen zwei landwirtschaftlichen Nutzflächen.

## Finger weg!

Von Obst, Nektar und Malzbier werden auch einige stechende Insekten wie Bienen, Wespen und Hornissen angelockt. Vor allem manche Wespenarten sind am Ende des Sommers recht aufdringlich. Du solltest in dieser Zeit am Tag keine **Lockfallen** in der Nähe der Terrasse oder des Balkons aufstellen.

# Tagfalter finden und beobachten

Tagfalter flattern umher, wenn das **Wetter warm, sonnig, trocken** und **windstill** ist. Regen und starken Wind meiden sie wegen ihrer empfindlichen Flügel. Umherflatternde Falter sind nicht immer leicht voneinander zu unterscheiden. Willst du die Schmetterlingsarten genau bestimmen, solltest du sie dort suchen oder anlocken, wo sie sich zum Aufwärmen, Ausruhen oder Trinken niederlassen.

Richtig viele Tagfalterarten fliegen, je nach Witterung, zwischen Mitte Juni und Mitte September. Du findest sie, wie du inzwischen weißt, auf **Blüten**, im **Wald** auf dem Boden oder an verletztem oder faulendem **Holz**. An sonnigen Plätzen wie Holzstubben, Steinen, Mauern oder Sandboden wärmen sich die Falter vor allem vormittags gern auf oder sie machen dort eine Pause.

**Auch Tagpfauenaugen mögen gern Obst.**

## Schau genau!

Vielleicht gelingt es dir, den eingerollten Rüssel, die Facettenaugen und die zarten Fühler aus der Nähe anzusehen und sogar die Pumpbewegungen zu erkennen, mit denen der Falter den Pflanzensaft einsaugt.

Perfekt getarnt hat die Krabbenspinne einem Falter aufgelauert.

## Wer ist noch unterwegs?

Gleichzeitig mit den Schmetterlingen wirst du auf den Blüten viele **andere Tierarten** wie Hummeln, Bienen, Schwebfliegen, Wanzen, Fliegen und Mücken kennenlernen.

Vielleicht entdeckst du sogar eine weiße oder grüne Krabbenspinne, die mit weit gespreizten Vorderbeinen auf einer Blüte sitzt und unvorsichtigen Fluginsekten auflauert.

## Nicht berühren!

Die Schuppen auf den Schmetterlingsflügeln und die Flügel selbst sind sehr empfindlich. Ohne die Schuppen können die Falter nur schlecht oder gar nicht mehr fliegen. Möchtest du einen Schmetterling aus der Nähe betrachten, solltest du **sehr vorsichtig** vorgehen, zum Beispiel mit einem Schmetterlingsnetz, einer geräumigen Becherlupe oder mit deinen hohlen Händen. Du solltest dabei die Flügel niemals direkt anfassen. Setze den Falter danach dort wieder aus, wo du ihn entdeckt hast.

# Nachtfalter anlocken und beobachten

Nachtfalter verhalten sich anders als Tagfalter. Sie ruhen am Tag und werden mit der Dämmerung oder erst bei völliger Dunkelheit munter. Dann trinken sie, paaren sich oder legen Eier an den Futterpflanzen ihrer Raupen ab. Um Nachtfalter zu beobachten, musst du **nachts aufstehen**. Aber es lohnt sich, denn nachts begegnest du einer ganz anderen Welt als am Tag. Sogar deine vertraute Umgebung wird dir fremd erscheinen und eine fremde Umgebung vielleicht sogar unheimlich.

## Mach mit!

Eine bekannte, erfolgversprechende Möglichkeit, um Nachtfalter anzulocken, ist die **Lampe-Tuch-Methode**. Dafür brauchst du eine helle Taschenlampe oder Lampe und ein weißes oder hell gefärbtes Tuch. Die Lichtquelle hängst du mit einem Band an einem Ast auf. Entweder spannst du das Tuch über die Lampe oder legst es auf den Boden. Gehst du in den Wald, solltest du einen Erwachsenen mitnehmen.

Die Falter auf dem Tuch kannst du gut beobachten, fotografieren (Blitz nicht vergessen) oder zeichnen. Bitte schalte die Lichtquelle nach einiger Zeit wieder aus, damit die Nachtfalter ihren wichtigen Geschäften nachgehen können.

## Worauf musst du achten?

Nicht jede Nacht eignet sich, um Nachtfalter anzulocken, zu beobachten und auch zu dokumentieren. Am besten planst du deine **Nachtfalter-Expedition** in einer mondlosen, warmen und windstillen Nacht im **Juli oder August**. Natürlich darf es nicht regnen und du solltest dich von künstlichen Lichtquellen fernhalten, weil die Falter sonst von Lampen und Laternen angelockt werden. Alle Insekten benötigen eine gewisse Umgebungswärme, um überhaupt fliegen zu können. Sonst arbeiten ihre Flugmuskeln nicht. Regen und starker Wind sind Gift für die empfindlichen Schmetterlingsflügel.

### Vorsicht!

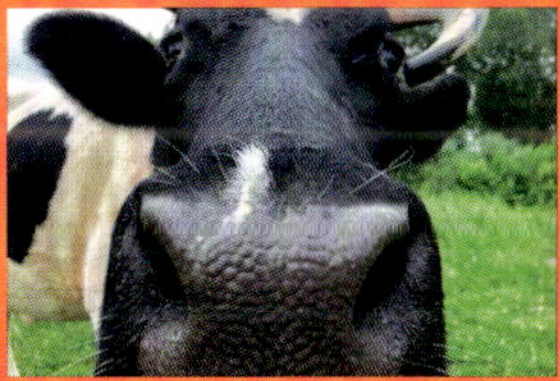

Solltest du auf die eigentlich gute Idee kommen, deine **Lichtfalle auf einer Viehweide** aufzubauen, dann vergiss nicht: Kühe sind ausgesprochen neugierige Tiere. Sie werden von nächtlichem Treiben in ihrem Wohnzimmer magisch angezogen. Kühe sind in der Regel nicht gefährlich, aber sie kommen dir sehr nahe und schnüffeln an allem Fremden. Dabei werden sie deine Ausrüstung unweigerlich vollsabern, doll vollsabbern. Mein Tipp daher: Meide Kuhweiden für das Aufbauen deiner Lichtfalle.

### Mach mit!

Wie die Tagfalter lieben auch die Nachtfalter den **Saft von Früchten**. Bestreiche reifes, aufgeschnittenes Obst mit Pflaumenmus, Anis, Vanillezucker oder Malzbier. Hänge das Obst so auf, dass du nachts die daran saugenden Falter leicht beobachten, bestimmen und dokumentieren kannst.

Der exotische Bananenfalter

# Die Ordnung der Arten

Die sinnvolle Einteilung aller auf der Erde existierenden Schmetterlingsarten in **Familien und Gattungen** ist eine schwierige Aufgabe für die Biologen. Sie sortieren die manchmal sehr unterschiedlich aussehenden Falter anhand bestimmter und nicht immer sofort erkennbarer äußerer oder innerer Merkmale in Ähnlichkeitsgruppen. Auch die genetische Verwandtschaft wird dabei berücksichtigt. So können neu entdeckte Arten überall auf der Welt ihren näheren Verwandten, also ihrer Familie wie Spinnern, Zünslern oder Edelfaltern zugeordnet werden.

| | |
|---|---|
| Klasse: | Insekten *(Insecta)* |
| Ordnung: | Schmetterlinge *(Lepidoptera)* |
| Familie: | Edelfalter *(Nymphalidae)* |
| Unterfamilie: | Fleckenfalter *(Nymphalinae)* |
| Gattung: | *Aglais* |
| Art: | Kleiner Fuchs |
| Wissenschaftlicher Name: | *Aglais urticae* |

| | |
|---|---|
| Klasse: | Insekten *(Insecta)* |
| Ordnung: | Schmetterlinge *(Lepidoptera)* |
| Familie: | *Erebidae* |
| Unterfamilie: | Bärenspinner *(Arctiinae)* |
| Gattung: | *Callimorpha* |
| Art: | Schönbär |
| Wissenschaftlicher Name: | *Callimorpha dominula* |

Manchmal sind sich die Wissenschaftler nicht einig, zu welcher Familie ein neu entdeckter Falter gehört. Dann wird auch in der Wissenschaft gestritten und die **Merkmale der Art** werden immer wieder von allen Seiten betrachtet und bewertet. Können sich die Biologen nicht über die Zugehörigkeit der Art zu einer Familie einigen, sortieren sie das Tier in eine eigene, **neue Familie** ein. Manchmal entdecken sie später weitere Arten, die sie ebenfalls dieser neuen Familie zuordnen können.

Der lustige deutsche Name „Sackträger“ kommt von den Raupen, die in einem schützenden, selbst gebauten Sack, hier aus Pflanzenstängeln, stecken. Der wissenschaftliche Name wird auf Latein angegeben. Er setzt sich aus dem großgeschriebenen Namen der Gattung und dem angehängten Namen der Art zusammen: *Canephora hirsuta*.

### Erstaunlich!

Die etwa 130 weltweit verbreiteten Schmetterlingsfamilien tragen zum Teil sehr **eigentümliche Namen**. Tagfalter sind zum Beispiel die Ritterfalter, Dickkopffalter, Edelfalter, Weißlinge und Bläulinge oder die Widderchen, Holzbohrer, Sackträger, Miniermotten, Wickler und Zünsler. Zu den Nachtfaltern zählen die Spinner und Spanner, die Eulen, Bärenspinner, Trägspinner, Sichelspinner, Zahnspinner, Glucken und Schwärmer.

Unsere heutige Ordnung der Arten entwickelte der schwedische Naturforscher **Carl von Linné** bereits im 18. Jahrhundert. Er begann damals auch damit, allen Lebewesen einen wissenschaftlichen Namen zu geben.

## Ein eigenes Bestimmungsbuch

Erstelle mithilfe deiner Beobachtungen dein eigenes **Bestimmungsbuch**, digital oder auf Papier. Nutze für die Artbeschreibungen die **Zeichnungen** oder **Fotos**, die du von allen Faltern, Raupen und Puppen angefertigt hast. Füge ihnen deine gesamten **Beobachtungen zum Verhalten** der Art hinzu. Dann bringst du deine Sammlung in eine dir sinnvoll erscheinende Ordnung. Die für **deine eigene Ordnung** wichtigen Merkmale der Falter und ihrer Raupen bestimmst du ganz allein!

# Schnelle Suche mit Stichwörtern

## A



## B

## C

## D



## E



## F

## G



## H

## K

## L



## M



## N

## O



## P

## R

## S



## T



## V

## W

## Z

NABU
NABU
Macht Spaß. Macht Sinn.
Die Natur schützen mit dem NABU. Mach mit!
www.NABU.de/aktiv
© NABU/E. Neuling

Großer Schillerfalter 57

Hauhechelbläuling 58

Kurzschwänziger Bläuling 59

Violetter Waldbläuling 60

## Graue Flügel

Birkenspanner 61

Eichenprozessions-spinner 62

Gammaeule 63

Großer Gabelschwanz 64

Großes Ochsenauge 65

Kiefernschwärmer 66

Mondvogel 67

Pappelschwärmer 68

Roseneule 69

Weidenbohrer 70

## Braune Flügel

Birkenspinner 71

Brauner Waldvogel 72

Dörrobstmotte 73

Eichenspinner 74